中央编译局文库出版工作领导小组（编委会）

主　　任：贾高建
副 主 任：俞可平　魏海生　陈和平　柴方国　杨金海
委　　员：崔友平　沈红文　杨雪冬　季正聚　陈家刚
　　　　　赖海榕　郗卫东　张文成　刘明清

中央编译局文库出版工作领导小组办公室

主　　任：薛晓源
成　　员：徐向梅　苗永姝

中央编译出版社文库编辑中心编辑小组

刘明清　薛晓源　谭　洁　董　巍　贾宇琰
冯　章　曲建文　苗永姝　邓　彤　盛菊艳
李媛媛　薛迎春　董　妍

国家"十二五"重点图书

国际共产主义运动历史文献

第15卷

主　编　王学东
副主编　戴隆斌（常务）童建挺

第二国际第二次（布鲁塞尔）代表大会文献

本卷主编　童建挺

《国际共产主义运动历史文献》顾问委员会

贾高建　俞可平　顾锦屏　高　放　张中云　胡文建
宋洪训　顾家庆　洪肇龙　沈志华　杨光远

《国际共产主义运动历史文献》编辑委员会

主　　编：王学东
副 主 编：戴隆斌（常务）　童建挺
编　　委：（以姓氏笔画为序）
　　　　　王　瑾　吕瑞林　邢艳琦　许宝友　张文成　张文红
　　　　　陈新明　林德山　胡振良　姚　颖　彭萍萍　薛晓源

参加本卷译校工作的有

李俊聪　王宏道　吴兴唐　周克明　苏冰娴　倪力亚　魏　力
鲍万升　童建挺

参加本卷编辑出版工作的有

盛菊艳　苗永姝　董　巍

丛书编辑统筹

苗永姝　李媛媛　董　妍

总　序

国际共产主义运动，是由以马克思主义为指导的无产阶级政党领导的国际性的无产阶级革命运动，其宗旨是推翻资产阶级统治和一切剥削制度，建立和发展社会主义制度，进而最终实现人的彻底解放，建立共产主义社会。

国际共产主义运动迄今已有一百六十多年的历史。19世纪40年代，马克思、恩格斯在创立科学社会主义理论的同时，努力把它与当时西欧无产阶级的革命实践相结合，于1847年6月创建了第一个国际性的无产阶级政党——共产主义者同盟，亲自拟定并于1848年2月公开发表了同盟纲领《共产党宣言》。这标志着国际共产主义运动的兴起。

自从共产主义者同盟建立以来，历经第一国际（国际工人协会）、第二国际、第三国际（共产国际），国际共产主义运动由小到大、由弱到强，从西方推进到东方、从欧洲扩展到全球，终于突破资本主义链条上一个又一个薄弱环节，取得了社会主义由一国到多国的胜利。二战后社会主义阵营的建立、民族解放运动的胜利进军、社会主义国家革命与建设的重大成就，为国际共产主义运动史书写了辉煌的篇章。20世纪末，由于东欧剧变、苏联解体，国际共产主义运动遭遇了严重挫折。但是，历史并没有因此而终结。由《共产党宣言》奠基的国际共产主义运动仍在曲折中前进。各资本主义国家中的共产党、工人党仍在不断探索无产阶级取得解放的道路；中国等社会主义国家仍继续高举社会主义伟大旗帜，为完善社会主义、最终实现共产主义而不懈奋斗。

国际共产主义运动一百六十多年跌宕起伏的发展历程，积累了卷帙浩繁的文献档案，留下了丰富的历史遗产。深入发掘和充分利用这些文献档案，对于我们准确地了解和把握国际共产主义运动的发展进程及各个时期的特点，科学地研究和总结国际共产主义运动丰富且宝贵的经验教训，具有极其重要的意义。特别是无产阶级国际组织，作为国际共产主义运动的重要载体，其文献档案对于国际共产主义运动史研究更是具有特殊的重要意义。

　　早在1984年春，中国国际共产主义运动史学会就发起编辑出版《国际共产主义运动史文献》。当时由中共中央编译局、中国社会科学院马列主义毛泽东思想研究所和近代史研究所、中共中央党校和中国人民大学等单位共同组建了编辑委员会。编委会商定：这套文献主要收编共产主义者同盟、第一国际、第二国际、第三国际、共产党和工人党情报局这五个国际组织已发表的全部文献档案，包括历次代表大会、代表会议和其他重要会议的记录、决议和有关文件；收编材料力求齐全；凡外国有选编完整的版本者，根据外国版本翻译；凡文件散见于外国不同出版物者，尽力搜集完整，组织力量统一编译；文件完全按照原件翻译，译文力求准确，不作修改删节，以便读者根据完整、准确的第一手材料了解这些国际组织的历史。在当时代管全国哲学社会科学基金的中国社会科学院科研局的资助下，经过编辑委员会、编译工作者和中国人民大学出版社的共同努力，这套文献于1986年开始陆续出版，截至1997年共出版了21卷。

　　到上世纪末，文献的编辑出版工作遇到了巨大困难。首先是编委会发生了重大变故，主编林基洲、副主编王颖和校纪英相继谢世；其次是出版经费难以为继。为继续出版这套文集，中国国际共产主义运动史学会多方努力，组成以会长顾锦屏为主编的新编委会，从全国哲学社会科学规划办公室争取到一笔资助，于1999—2001年又出版了两卷。此后，因缺乏经费，编辑出版工作完全陷于停顿。

2010年，在中共中央编译局和中国国际共产主义运动史学会的鼎力支持下，中央编译出版社以这套文献申报国家出版基金项目，获得立项资助。中共中央编译局对此项目高度重视，在国家出版基金资助的基础上，给予了相应的资金支持，组建了新编委会，成立了专门机构负责文献整理和编辑工作，并将这套文献纳入"中央编译局文库"出版规划。

经新编委会研究决定，这套文献定名为《国际共产主义运动历史文献》，在其前身《国际共产主义运动史文献》的基础上重新编辑出版。通过进一步广泛搜集资料和适当改变编辑方式，新《文献》的资料更详尽、收文更齐全。例如，在原《文献》的某些卷次中，对已出版的马克思主义经典著作中译本只列目录，不收正文，而新《文献》则全部依据最新的中译本收录，以方便读者查阅。此外，《国际共产主义运动历史文献》扩大了文献资料的搜集和选材范围，采用开放式结构，规模暂定60卷，约2500万字。

中共中央编译局和中国国际共产主义运动史学会对这套文献的编辑出版工作给予了强有力的支持，中央编译出版社为这套文献的立项和出版做了大量艰苦细致的工作，文献的前两任编委会和编译工作者在十分困难的条件下为这套文献奠定了良好的基础，中国人民大学出版社为这套文献的重新编辑出版提供了帮助，在此一并表示衷心感谢。

《国际共产主义运动历史文献》
编辑委员会
2011年12月20日

编辑说明

第二国际第二次代表大会于1891年8月16—22日在比利时布鲁塞尔人民之家举行。出席大会的有15个国家的380名代表。法国可能派和参加其召集的1889年巴黎国际工人代表大会的有关组织也派代表出席了大会。

大会列有11项议程，但讨论的中心问题是对待军国主义的态度问题。荷兰无政府主义者纽文胡斯认为在资本主义条件下不可能有进步的和正义的战争，因此不论发生何种战争，各国党都应该号召人民举行国际性总罢工。纽文胡斯的提案得到英国、法国和荷兰代表团的部分代表的支持。威·李卜克内西发表长篇演说驳斥纽文胡斯，他明确指出，战争是资本主义制度的必然产物，社会主义是消灭军国主义和实现持久和平的唯一手段，各国无产阶级应该加强国际团结，把反对军国主义的斗争同争取社会主义的斗争联系起来。大会以多数票通过了李卜克内西代表委员会提出的《工人阶级对军国主义的态度》的决议，这个决议的通过是对无政府主义的一个打击。但是决议没有提出反对战争和战争威胁的具体措施。为了在经济斗争中协调一致，大会提出建立国际工会组织的方案，但德国、奥地利、荷兰、瑞士和罗马尼亚等国的代表团因本国的法律不允许成立任何国际组织而反对这一方案。在讨论贯彻五一节的决议时出现分歧。德国和英国的代表团主张将五一节移到5月的第一个星期日，除了举行游行示威外，不同意举行大规模的罢工。法国和奥地利的代表团坚持反对取消停工的做法。大会通过的决议仍规定世界各国工人在 5 月 1 日举行统一的示威游行，对停工问题未作硬性规定。恩格斯认为反对无政府主义者的斗争是这次大会的重要成果之一。"马克思派不论是在原则问题上，还是在策略问题上，都取得了全面的胜利。"（《马克思恩格斯全集》中文第 1 版第 38 卷第 144 页）

  本卷收录的内容包括四个部分：（1）代表大会通告和公开信；（2）代表大会会议记录；（3）各国党和工人组织向大会提交的报告；（4）附录，包括大会代表名单及瑞士代表和苏黎世执行委员会的通告。代表大会会议记录译自柏林《前进报。柏林人民报》发行部出版社 1893 年出版的德文本《布鲁塞尔国际工人代表大会（1891 年 8 月 16—22 日）讨论和决议》（Verhandlungen und Beschlüsse des Internatinalen Arbeiterkongresses zu Brüssel (16 – 22). August 1891, Verlag der Expedition des "Vorwärts" Berliner Volksblatt, Berlin, 1893）；其他文献根据 1977 年日内瓦明科夫出版社出版的乔治·豪普特主编的《第二国际史料》第 8 卷（Géorge Haupt, Histoire de la IIe Internationale, Tome 8, Minkoff Reprint, Genève, 1977）收录的有关英文、法文、德文文献翻译。

  本卷是根据中国人民大学出版社 1991 年出版的《第二国际第二、三次代表大会文件》中译本中第二国际第二次代表大会的内容进行编辑的。本卷主编对照原文对原中译本的明显错误作了修正，依据中共中央编译局编译马克思主义经典著作的标准重新统一了人名、地名、组织机构名、报刊名等专用名，增加了对原书中一些名词和引语的注释，并将瑞士代表和苏黎世执行委员会的通告收入本卷。书中文献的脚注，凡未加说明的都是原文本编者所注；中文本译者或编者所加的注，均注明"——译者注"或"——编者注"。

目 录

代表大会通告和公开信 ·· 1
　致各国工人联合会 ·· 3
　致各国工人团体 ·· 6
　致各国工人组织 ·· 9
　致各国工人组织 ·· 16

布鲁塞尔国际工人代表大会会议记录
　（1891年8月16—22日）·· 19
　前　言 ·· 21
　第一次会议（1891年8月16日上午）······························ 22
　第二次会议（1891年8月16日下午）······························ 25
　第三次会议（1891年8月17日上午）······························ 27
　第四次会议（1891年8月17日下午）······························ 28
　第五次会议（1891年8月18日上午）······························ 29
　第六次会议（1891年8月18日下午）······························ 32
　第七次会议（1891年8月19日上午）······························ 35

第八次会议（1891年8月19日下午） ……………………………… 38
　　第九次会议（1891年8月20日上午） ……………………………… 41
　　第十次会议（1891年8月20日下午） ……………………………… 46
　　第十一次会议（1891年8月21日上午） …………………………… 49
　　第十二次会议（1891年8月21日下午） …………………………… 55
　　第十三次会议（1891年8月22日上午） …………………………… 58
　　闭幕会议（1891年8月22日下午） ………………………………… 61

各国党和工人组织向大会提交的报告 ……………………………………… 65
　　关于德国社会民主主义运动情况的报告 …………………………… 67
　　大不列颠和爱尔兰的报告 …………………………………………… 89
　　奥地利社会民主党的报告 …………………………………………… 113
　　比利时工人党的报告 ………………………………………………… 124
　　丹麦社会民主党的报告 ……………………………………………… 129
　　农业工人——丹麦社会民主党对农业工人问题的态度 …………… 136
　　西班牙工人党的报告 ………………………………………………… 163
　　关于美国犹太无产阶级中的社会主义工人运动的报告 …………… 165
　　法国工人党的报告 …………………………………………………… 168
　　法国革命社会主义工人党的报告
　　　　——致出席布鲁塞尔代表大会的公民们 ……………………… 176
　　法国全国工会联合会的报告 ………………………………………… 183
　　荷兰社会主义工人运动的报告 ……………………………………… 189
　　关于荷兰烟草和雪茄烟工业、荷兰雪茄烟工人和烟草工人联合会
　　　　组织情况的报告 ………………………………………………… 206
　　关于匈牙利社会民主主义工人运动的状况 ………………………… 208
　　波兰代表团的报告 …………………………………………………… 214

罗马尼亚工人党的报告 …………………………………………… 218
瑞士职业工会联合会的报告 ……………………………………… 232
挪威工人党的报告 ………………………………………………… 236
阿根廷工人联盟的报告 …………………………………………… 238
俄国社会党人的报告 ……………………………………………… 241
俄国《社会民主党人》杂志编辑部
　　给国际社会主义工人代表大会
　　(1891年8月于布鲁塞尔)的报告 …………………………… 244

附　录 ………………………………………………………………… 257
　布鲁塞尔国际工人代表大会代表名单 …………………………… 259
　瑞士代表和苏黎世执行委员会的通告 …………………………… 275

代表大会通告和公开信

致各国工人联合会

1890年12月15日于布鲁塞尔

同志们：

1891年8月18日，星期日①，为期一周的国际社会主义工人代表大会将在布鲁塞尔召开。我们怀着兄弟之情邀请你们前来参加这次盛会。

比利时工人党总委员会是根据两个代表大会的决议发出这个邀请的。1889年在巴黎朗克里街举行的国际工人代表大会首先委托它做这件事情②；随后，同年在巴黎罗什舒阿尔大街举行的国际社会党人代表大会设在苏黎世的执行委员会③也赋予它同样使命。

这两个大会的委托赋予我们的任务光荣而重要。我们为履行这个任务而面临的情况使我们希望，全世界无产阶级的一切正在进行思考和斗争的阶层，都将毫无例外地派遣它们的代表参加这个崇高的劳动大会，从而——我们对此深信不疑——加强全世界一切工人力量之间了解的纽带。

一切工人党和社会党，一切工人联合会和小组，都一视同仁地受到

---

① 原文如此。1891年8月18日应为星期二。——编者注
② 参见本书第14卷第306—307页。——编者注
③ 参见本卷附录以及本书第14卷第215、219页。——编者注

邀请。我们殷切希望，它们将以满腔热情来响应我们荣幸地向它们发出的号召。

代表大会保留审查代表们的委托书的权利。我们深信，代表大会将以使大家都感到满意的方式进行这项工作。同样，代表大会将宣布投票的方式和方法，并将最后确定大会的议事日程。

关于每个国家工人的状况以及社会主义运动的报告，将由各国代表提出。为此，我们建议各党、各团体和各小组自费把它们的报告印成法、德、英3种文字，以便在代表大会开幕时分发给代表们。报告需要印多少份，我们将在代表大会召开之前数周内通知你们。

为了能够采取一切必要措施和认真地、卓有成效地进行代表大会的组织工作，我们请你们在 **7 月 16 日** 前把报名信和代表人数寄给我们。一旦知道参加代表大会的总人数之后，我们就将告诉各党和各团体，它们应当寄来或带来多少份报告。

列入大会议程的问题，现在已经有下面3个：

1. 从国内和国际角度来看劳工保护立法的状况，以及为扩充劳工保护立法并使之得到有效实施而应采取的手段。

2. 联合权及其保证手段，从国际观点来看的罢工、联合抵制和合作运动。

3. 工人阶级对军国主义的态度和责任。

为了使参加代表大会的各党、各小组和各团体有充分的时间来研究问题，我们坚决要求那些希望把他们的问题列入议程的人在7月1日前把他们的问题告诉我们。

为了共同的利益，代表大会保留最后确定议程的权利，这是出于以下两方面的考虑：一方面是为了防止列入议程的问题太多；另一方面是为了避开某些问题，它们的提出和讨论，对于那些颁布了限制工人自由的法律的国家的代表来说，可能造成不便。

我们将尽我们的最大努力,为代表们履行自己的义务提供方便。

愿布鲁塞尔代表大会能够使充分意识到自己的责任的、组织起来并受到同一种思想——决心实现全世界无产阶级的彻底解放的思想——鼓舞的全体无产者,达到非常必要的、对每一个人来说和从每一方面来看都非常值得向往的完全的一致。

因此,尊敬的同志们,我们请你们立即把你们表示同意的信给我们寄来。致兄弟般的敬礼!

受比利时工人党总委员会的委托:
对外联络书记
让·沃尔德斯

巴黎国际社会主义工人代表大会
苏黎世执行委员会代表:
卡尔·毕尔克利　　欧·武尔施莱格

致各国工人团体

1891年6月17日于布鲁塞尔

同志们：

　　邀请参加将于今年8月18日举行的国际代表大会的通告信，敦促各个赞成召开大会的组织和党在7月1日前把它们希望列入议程的问题转交给我们。迄今为止，我们没有收到什么新问题。我们提醒大家注意我们的前一个通知，并请你们立即把你们打算提交代表审查的提案给我们送来，以便我们能够从7月初起就把它们分送给参加代表大会的各个组织。

　　正像邀请信中所说的那样，报名信最迟必须在7月16日前寄给我们，以便我们能够采取措施来为这次重要的国际会议切实做好准备。这次会议将从8月18日开始，至25日结束。

　　我们将尽力为大会代表在布鲁塞尔的逗留提供方便，并尽力保证这次应当促成国际社会主义工人民主党团结的国际大会获得圆满成功。为了使我们在这件伟大的事业上获得胜利，必须有一切善意的和忠心耿耿的人的协助。

　　人们已经提出一些有关资格审查问题的意见，它们将由代表大会作出最后决定。代表资格将照常由各国自己审查。但在未能达成一致的情况下，代表大会有权作出裁决。同样，关于议程问题，包括每项议程应讨论多长时间的问题，也将由代表大会，而不是由筹备委员会，即比利时工人党总委员会，作出最后决定。

此外，关于大会议事规程的一切建议，像往常一样，将由大会本身提出，我们只提出开幕日期的建议。我们想大大节省通常浪费在办理各种手续上的时间，我们将尽力做到这一点。

每个国家将提交一个关于从政治角度和经济角度来看的本国工人的状况和关于本国社会主义运动的报告。报告应避免冗长、琐碎，关于各国的情况应力求简明、精确。

至于表决方式，面对交给我们的两种委托书，我们不能事先把一种表决方式强加给代表大会。我们估计，代表大会可能会赞成和宣布按国家进行表决的方式。就我们方面来说，我们是赞成这种方式的。

此外，一切程序问题都不应把下面这个主要问题排挤到次要地位：全世界一切有觉悟的无产者的国际团结和讨论使他们感兴趣的经济制度和政治制度的改革问题。

25年以来，人民将第一次有机会看到全世界的代表们聚集在一起，这些代表将使全体劳动者之间业已存在的联系得到加强，并将为解决引起无产阶级强烈兴趣的重大问题做好准备。

我们现在已经可以肯定地告诉你们，8月18日，德国和奥地利社会民主党的代表、英国工联主义和社会民主党的代表、美国社会主义和工联主义的代表、法国形形色色的社会民主党和结成同盟的工会组织的代表、伊比利亚①和意大利的社会主义工人民主党的代表、尼德兰社会民主党的代表、斯堪的纳维亚社会主义者的代表，最后，整个比利时社会主义工人民主党的代表，将云集布鲁塞尔。

这次代表大会应当促成全体无产阶级的亲密协作，它们越团结，它们的力量就越强大。

---

① 即今西班牙。——译者注

亲爱的同志们，我们正在等待你们的回音。我们希望，在你们的协助下，我们将完成我们所承担的任务。谨向你们致以兄弟般的敬礼。

代表比利时工人党总委员会

书记

让·沃尔德斯

通知——除前一封通告信中提到的拟列入议程的3个问题之外，现补充几点如下：

根据各国之间和平的原则，同时根据八小时工作的原则，确认5月1日为国际节日（**巴黎中央革命委员会的建议**）。

确定一个总的、统一的名称，以显示一切工人党的团结一致（**巴黎中央革命委员会提议取名为：国际社会党**）。

国际工人统计和各国之间的定期通讯（**比利时工人党的建议**）。

更正：在我们的前一封通告信中，有一个地方印错了。在列入议程的第2个问题中，合作运动应改为**工会运动**。

致各国工人组织

同志们：

我们重申我们先前的邀请，并敦促一切国家的工人组织和社会主义组织派代表出席布鲁塞尔社会主义工人代表大会。尚未报名参加或尚未把它们的代表名单寄来的团体，应迅速报名和迅速把代表名单寄来。

可以预料，这次代表大会将是一次盛况空前的大会。从参加的党和联合会的数目来看，它将具有特别重大的意义。

讨论将持续进行一周。参加讨论的将有德国、英国、奥地利、比利时、丹麦、西班牙、法国、荷兰、匈牙利、意大利、挪威、罗马尼亚、瑞典和瑞士等国的不同派别的社会主义工人党和联合会，有不列颠工联、法国工会团体联合会和利夫雷法国联合会等所属的强大工会组织，最后，还有美国的重要社会主义团体。这次讨论应当使两个半球有觉悟、有组织的无产阶级能就某些问题达成采取共同行动的协议。

我们必须用劳动者的国际意志来同扩展到国际上的资本和反动派相对抗。

如果说有些说法和理论只是被一切脑力劳动者普遍接受，从而把他们紧紧地团结在一起，但并没有被全世界所接受，那么，这就是解放劳动人民和使他们摆脱压在他们身上的一切奴役制度的思想。

我们都遭受到同样的压迫和剥削，我们都以解放人民的共同思想为指南，我们受到捍卫同一解放事业的利益和对这一事业的热爱的鞭策，因此我们会知道如何履行自己的义务，如何加强世界各国劳动者之间的联系，如何争取实现我们认为迫切必要的根本改革。

工人阶级已对我们表示信任，他们到处都在期待国际代表大会这个伟大的和令人感到高兴的事件的来临。我们不会辜负他们的希望，我们将同心协力地完成我们所承担的义务。

比利时工人党殷切希望国际工人大家庭为了捍卫自己的经济权利和政治权利而联合和团结起来，它将尽力为大会代表们的工作提供方便，它将尽力使他们在布鲁塞尔的逗留舒适、愉快。

为了便于各个团体和代表们了解情况，我们在下面分段作一些介绍。

大会召开的日期和时间

有几个组织向我们提出，为期一周的代表大会最好从8月16日（星期日）那天开始。这是最初的想法。我们觉得，回到这个想法上来是不错的。因此，代表大会将于1891年8月16日（星期日）上午10时开幕。开幕式将在我们工人党的活动中心、布鲁塞尔巴伐利亚广场人民之家举行，那里将正式接待各国代表。在第一天会议上将成立执行委员会，审查代表资格和指定大会翻译。

为了避免浪费时间，这些事务性工作绝对必须在当天结束。

第二天，即8月17日（星期一）上午10时将举行第二次会议，会议一开始就要立即着手讨论议程上的问题。

各国关于本国工人运动总概况的报告，将交给由代表大会选出的若干代表组成的国际委员会。国际委员会的委员们将对这些报告进行扼要的概括和调整，然后，它们将立即由我们负责印刷，并在第三天分发给代表大会的全体代表。这样，代表们将得到一份用三种文字印刷、经过概括的、包含全部基本细节的文件。报告受到宣读时的那些冗长的说明，在这份文件中将被删除。

组织工作

从星期一上午开始，会议将在黄金街宽敞的**圣米歇尔**旅馆举行。各会议厅将被租用来作为各委员会和各国代表团的聚会场所。

设立在附近的一家印刷所，将迅速印刷大会上提出的提案。

为了使讨论不至于拖得太长，不至于太杂乱无章，我们建议，从第一次全体大会起，每项议程分别成立一个委员会。每个委员会由每个国家指派的一名代表加上提出该项议程的党或团体的代表组成。委员会会议将在大会休会的时间举行，即从星期一晚上开始举行。各委员会将就每个问题提出一个简明扼要的报告，报告印刷出来后将在适当时机分发给大会代表，从而认真地为讨论做好准备。如果各委员会取得一致意见，那么，它们同样能就它们将向大会提出的问题制订一个决议。如果没有取得一致意见，各委员会将在大会讨论后再开会磋商，以便根据大多数代表的意见起草这个决议；如果在讨论过程中提出的决议案已获得多数票的支持，则无此必要。

我们建议每位发言人的发言时间为10分钟，并同时对从开幕那天起每个委员会占用的时间作出规定，以便列入议程的所有问题都能得到讨论。

大会讨论每天举行两次，上午会议从9点半至12点半，下午会议从2点至5点。

我们希望会议公开举行。由于我们了解布鲁塞尔工人居民的情绪，我们可以保证，无论是大会的秩序还是大会的尊严都不会因为公开召开而受到损害。

只要可能，在会议的第一天，各国就应当指定它们参加各委员会的代表，这些代表中的某个或某些代表将被委派参加大会执行委员会。

代表资格审查

参照1889年在巴黎举行的两次代表大会,即分别在罗什舒阿尔大街和朗克里街举行的代表大会的做法,我们认为,从第一天会议开幕起,每个国家都应在组织委员会的同意下成立一个审查委员分会。一旦审查完毕,就应向代表大会报告审查结果,代表大会作为最高裁判,将作出最后决定。

我们确信,这种保证一切权利的审查方式不会带来任何困难。各国工人组织将协助我们完成这项由于我们从两个代表大会那里得到的委托书而变得相当棘手的任务。

我们将以一丝不苟的忠诚精神来完成一切工作,而且,我们深信,在以使大家都感到满意的方式来完成代表大会的这第一部分工作方面,我们同样将不会有任何困难。

议　程

准备参加代表大会的一些党和团体已经提出大量的问题。与此同时,有几个组织也提出了类似的建议。我们认为,把这些问题和建议进行分类、整理,以便把各种不同的想法提出来讨论是有益的和合乎实际的。

作为情况通报,我们不妨简单地说一下,如果我们勉强把提出的问题原封不动地全部列入议程的话,那么,摆在议程上的问题会有40个左右,单是它们的文字就会占2页多。因此,我们对这些问题进行了压缩,或者说,对最大、最一般的问题进行了概括。

我们拟定的议程如下。至于日程如何安排,将由代表大会在开幕之日作出决定。

1. 从国内和国际角度来看劳工保护立法的状况,以及为扩充劳工保护立法并使之得到有效实施而应采取的手段。

2. 联合权及其保证手段，从国际观点来看的罢工、联合抵制和工会运动。

3. 工人阶级对军国主义的态度和责任。

4. 各国工人组织对犹太人问题应当采取的态度（讲犹太语的工人协会美洲联合会）。

5. 利用议会制度和普选权为社会主义工人事业服务；为使工人获得解放而应当运用的策略，以及为达到此目的而必须采取的手段。（荷兰）

6. 社会主义工人党同资产阶级政党结盟。

7. 废除计件工和包工。

8. 使五一国际劳动节为实现八小时工作日、劳动立法和加强工人维护各国间的和平这一全世界人民的愿望服务。

9. 确定一个总的、统一的名称，以显示一切工人党的团结一致（巴黎中央革命委员会建议用"国际社会党"，比利时工人党建议用"国际社会主义工人党"）。

10. 积极开展以下各项实际工作：（1）国际工人通讯；（2）普遍的劳工统计；（3）通过成立全国工会委员会和国际工会委员会来促进各行各业工人之间的国际谅解；（4）通过每年用各种文字出版的社会主义年鉴和历书定期通报消息，发表有关报道；（5）在各国进行社会主义宣传和鼓动。

11. 1893年在芝加哥召开代表大会，在这个城市举行国际示威游行的要求和建议；确定下一届国际社会主义工人代表大会召开的日期和地点。

国际确认

比利时工人党已拟定一个简明扼要的决议案，要求代表大会从星期一的第一次会议起明确确认全世界一切无产者的国际友爱和团结的感情这一全体无产阶级同心协力的根本基础。这个决议案将向代表大会提出，我们希望代表大会能全体一致地予以通过。

这种简单的、全体一致的表示所包含的意义，你们像我们一样清楚。

总的看法

由于某些团体或某些知名的社会党人把我们的邀请信转交给了他们国内的一些协会，代表大会的组织者比利时工人党委员会收到了一些信件。我们曾给各国形形色色和各种流派的大中心组织，以及一些投身于战斗的社会主义事业的知名人士寄去邀请信，以便他（它）们能把这些邀请信分发给尽可能多的团体。我们确信，这样做不仅有助于代表大会获得成功，而且也运用了散发邀请信的唯一手段，因为国际的通讯组织远远不能胜任它所承担的任务。

我们这样做，是由于受到为共同事业服务的愿望的鼓舞。所以这种做法不可能引起任何猜忌。

食宿问题

打算托我们预订房间的代表，在接到本通告后应来信告诉我们。

一星期后，我们将寄出一张标明价格的旅馆和饭馆的名单，代表们可以自己选择舒服的、合适的、价格公道的住宿和吃饭的地方。

可以说，目前在布鲁塞尔生活用品相当便宜。对于那些想了解情况的外国朋友们，我们可以补充一点，即每天的食宿费用约为5—12法郎。那些每天肯花12法郎的人，会过得相当不错。

工会代表会议

除了我们承担组织工作任务的世界社会主义工人代表大会,还有三个行业代表会议即将召开。

第一个行业代表会议是为各国冶金工人召开的。德国冶金工人联合会和比利时及法国的加入联盟的冶金工人决定召开这个会议,以加强冶金部门所有行业组织的劳动者之间的团结。

第二个代表会议是为纺织工业工人召开的,即为手工织布工人、纺织工人、男女纺纱工人,为从事这一职业的男女工人召开的。德国、法国、比利时的支持者已宣布参加或接到邀请。

最后,第三个代表会议是应比利时木材工人联盟的要求而决定召开的。与会的将有细木工、木工、乌木家具制作工、模型工、镟工、制椅工和木雕工所属联合会的代表。正像接到参加其他会议的邀请一样,各国有关团体已接到参加这次代表会议的邀请。

下届代表大会

关于召开下届国际社会主义工人代表大会的问题,我们收到了芝加哥社会主义工人党的一封来信,来信要求布鲁塞尔代表大会作出下届国际代表大会在美利坚合众国芝加哥召开的决定,开会日期定于1893年。

书记

让·沃尔德斯

参加代表大会的组织应立即把它们的代表名单给我们寄来。

致各国工人组织

同志们：

在把你们或你们的代表的报名表转交给你们的时候，我们顺便把关于代表大会的最新消息告诉你们。

首先，简单说一说大会日期。我们的某些法国朋友和英国朋友提出了一些不同意见。他们由于原先承担的义务或由于其他牵挂，很难在16日到达布鲁塞尔。因此，他们担心不能参加大会的头几次讨论。

一大批代表最迟应在23日离开，我们的义务是为所有的人提供方便，使他们能够参加全部讨论。在代表大会将要召开之前一个月，我们就已经确定在今年8月16日，即8月份的第三个星期日举行开幕式。这个日期起初是由许多工人党提出的。确定在这个日期开会肯定能使大家都感到满意，并能使大会的工作在适当的时候结束。

事实上，接待工作、大会内部组织工作和各种准备工作总要占去最初几次会议的时间。这里有一些必须要办的事，如收集各国的报告，筹组各个委员会，成立执行委员会，等等。在前两个代表大会上，这些工作占用的时间太多了。这次我们希望在代表们的协助下避免出现这种现象。

我们已经获悉，星期日这天代表们将陆续到达。这天只能在我们的活动中心人民之家接待代表们和对代表资格进行审查。星期一的大部分时间将用来紧张地进行我们谈到的准备工作，只有在星期二即18日才能开始进行讨论和表决。为了避免批评、误会和抗议，我们呼吁代表大会在星期二中午之前不要就议程上的问题进行任何表决。

为了便于随后进行的资格审查，同时使我们能够着手准备代表证，我们恳请参加代表大会的各个组织在说明它们将派出的代表团的数目和代表团成员的姓名的时候，尽快把附在本通知内的报名表给我们寄回来。

有关冶金工人、木材工人和纺织业工人国际代表会议的消息已经通知与前两个会议有关的人员，通知各国大部分有关的联盟和协会。至于纺织业工人代表会议，这是瑞士人、德国人和比利时人要求召开的，它的宗旨是为了在织布业和纺纱业工人之间奠定友好团结的初步基础。冶金工人和木材工人代表会议是为了在各个联盟之间建立联系，为了确立或发展国际友好团结。

从8月16日上午起，组织委员会将交给大会代表们一份饭馆的名单，代表们可以按照不同价格在那些地方用餐。

那些委托我们预订房间的代表，只要到达后来我们的活动中心巴伐利亚广场人民之家报到，就会得到一切指示。

作为情况介绍和为了给全体代表提供方便起见，我们还附上一张代表们可以投宿的旅馆的名单，同时标明食宿费用和那里使用的语言。

同志们，请接受我们兄弟般的敬礼！

代表比利时工人党总委员会
负责组织工作的书记
让·沃尔德斯

布鲁塞尔国际工人代表大会会议记录

(1891年8月16—22日)

前　言

许多同志强烈地感到缺少一份布鲁塞尔国际工人代表大会的正式记录。为了满足大家的殷切希望，我们根据报纸的报道所汇编的这份布鲁塞尔会议记录，至少可以在一定程度上满足同志们的这个需要。面临即将召开的苏黎世代表大会，这个需要变得更加迫切了。

柏林《前进报》出版社编者

第一次会议

(1891年8月16日上午)

大会议程

会议于8月16日（星期日）上午10点在人民之家举行，韦里肯同志宣布大会开幕，并以比利时工人党的名义发表了热情洋溢的祝词。在暂定的议程上列有以下11个问题：

1. 从国内和国际角度来看劳工保护立法的状况，以及为扩充劳工保护立法并使之得到有效实施而应采取的手段。

2. 联合权及其保证手段，从国际观点来看的罢工、联合抵制和工会运动。

3. 工人阶级对军国主义的态度和责任。

4. 各国工人组织对犹太人问题应当采取的态度（讲犹太语的工人协会美洲联合会）。

5. 利用议会制度和普选权为社会主义工人事业服务；为使工人获得解放而应当运用的策略，以及为达到此目的而必须采取的手段。（荷兰）

6. 社会主义工人党同资产阶级政党结盟。

7. 废除计件工和包工。

8. 使五一国际劳动节为实现八小时工作日、劳动立法和加强工人维护各国间的和平这一全世界人民的愿望服务。

9. 确定一个总的、统一的名称，以显示一切工人党的团结一致（巴黎中央革命委员会建议用"国际社会党"，比利时工人党建议用"国际社会主义工人党"）。

10. 积极开展以下各项实际工作：（1）国际工人通讯；（2）普遍的劳工统计；（3）通过成立全国工会委员会和国际工会委员会来促进各行各业工人之间的国际谅解；（4）通过每年用各种文字出版的社会主义年鉴和历书定期通报消息，发表有关报道；（5）在各国进行社会主义宣传和鼓动。

11. 1893年在芝加哥召开代表大会，在这个城市举行国际示威游行的要求和建议；确定下一届国际社会党代表大会[①]召开的日期和时间。

德国代表团召开预备会议

下午会议开始之前，德国代表团召开了**预备会议**，研究对大会最终议程的意见。

对于前3项议题的讨论，没有任何人提出异议；第4项议题应予以讨论，原因在于，如果断然拒绝讨论，也许会被人认为，德国代表团出于胆怯想避免在这个问题上明确表态。基于这个原因，德国代表团应提出一个说明理由的议程。

关于第5和第6项议题，首先应该建议把它们从大会议程上撤销。

[①] 在组委会以法文发表的通告中，提议在芝加哥召开的国际代表大会的名称是国际社会主义工人代表大会，这份德文版的会议记录则称之为国际社会党代表大会。实际上，第二国际头几次代表大会的名称并不统一，直到1900年的巴黎代表大会起才正式确定名称为国际社会党代表大会。——编者注

如果这个建议通不过，那就只应把参与议会制度这个原则问题和利用普选权的问题提出来讨论；第 5 项议题的后半项和第 6 项议题根本不能在国际代表大会上讨论，因为在这里起决定作用的是各个国家的经济和政治的发展情况，而只有相关国家的同志才有权对此作出判断。

同样，第 7 项议题也应该从大会议程上删掉。而关于庆祝五一节的第 8 项议题，大家一致同意提出讨论。相反，关于第 9 项议题，即采用一个共同的、对各国都有约束力的党的名称，则遭到拒绝。根据目前工人运动和各国立法的情况来看，第 10 项议题中的第（1）、第（2）和第（4）项要求是行不通的，应予以否决。

施米特（卡尔斯鲁厄）提出一项要求德国同志在代表大会上予以支持的提案，即设立一个委员会，它在下一届国际工人代表大会召开之前拟订出社会民主党的基本要求，然后，以此作为原则声明载入各国社会党的纲领。

关于第 11 项议题，即 1893 年在芝加哥召开国际工人代表大会的要求遭到否决，代表团决定向大会提出最多三年召开一次国际工人代表大会的建议。

代表资格审查委员会（布鲁恩斯、梅茨格和戈尔德施泰因）通知说，带着 99 份委托书的 40 名德国代表已经报到，对此无人提出任何异议。

第二次会议

(1891年8月16日下午)

第二次会议于下午2时半开始，主席团由参加大会的各国代表组成。两位主席**瓦扬**（巴黎）和**辛格尔**在热情洋溢的讲话中强调指出现代工人运动的国际性质和对各国人民之间的和平所具有的意义。**当布隆**（比利时）悼念了对促成这次代表大会的召开、对在比利时宣传社会主义比在座的任何人所作的贡献都大的德巴普，当布隆宣读了一篇富有情感的悼词，**瓦扬**进而提议向所有那些曾为社会主义事业服务、贡献过力量、遭受过苦难和进行过斗争的人，首先是对那位发出"全世界工人联合起来！"的号召——这句话至今仍然是我们的口号——的人表示悼念。

代表资格审查

代表大会现在讨论审查代表资格的问题；**沃尔德斯**以比利时代表的名义作报告：比利时代表团由187人组成，代表所有的政治组织和工会组织；只有一个情况应予以说明：在座的还有3位无政府主义者的代表，他们作为无政府主义者的代表与社会党的代表大会无关；但因为这3人中有两人是由非无政府主义组织派遣的，所以需要考虑的只有1个人；在这个问题上，比利时工人党提出开除无政府主义者，由于他们既不站在工人组织的立场，也不站在赞成国家进行有利于工人阶级的立法干预的立场上，因此不能参加这次代表大会。经过较长时间的讨论，大会根据绝大多数代表的意见宣布不承认这名代表的资格。

德国代表团由 40 人组成，法国代表团由 60 人组成，英国代表团由 23 人组成，他们既代表社会主义组织，也代表工会组织。奥地利派遣了 11 位代表，带着 18 份委托书，匈牙利 2 人，丹麦 4 人，他们代表 90 个社会主义组织和 140 个工会组织的 17000 名成员，还代表哥本哈根参加工会组织的 20000 名工人。耶珀森代表挪威，参加过旧的国际①的代表大会的知名战士伊格列西亚斯同志代表西班牙所有组织的工人。美国派了 6 名代表；由于两个社会主义工人党（纽约派和芝加哥罗森堡派）争代表权，有一份代表委托书受到质疑，但根据费舍的提议，萨尼亚尔同志也被承认为代表。荷兰派遣了 9 名代表，1 名无政府主义者遭到拒绝；来自阿姆斯特丹的德鲁克尔小姐，在声明她不仅是把男人看做唯一敌人的女权主义者，而且也是站在工人运动的立场上之后，被允许参加大会。意大利派遣了 3 名代表，波兰派遣了 1 名，罗马尼亚派遣了 5 名，瑞士派了 6 名。今天总共有 175 名外国代表②和 187 名比利时代表的代表资格得到了承认。

---

① 指第一国际。——编者注
② 原文如此，按如上代表人数，应为 171 名外国代表。——编者注

第三次会议

(1891年8月17日上午)

大会议事规程

第三次会议于星期一上午10时在圣米歇尔会堂举行，因为在此之前使用的"人民之家"会场太小。主席团举行会议后，公布了下列**议事规程**：每天举行两次会议：上午10时至12时30分，下午2至5时。报告人的发言时间为15分钟，讨论时的发言时间为10分钟，不允许任何人对同一问题作两次以上的发言，报告人第二次发言的时间和对他的第二发言的讨论时间限制在5分钟之内。原则性问题以国家为单位进行表决，所有的提案和发言要求都必须向执行委员会书面提出。

英国和法国各有5名新代表到达，意大利和瑞典也各有1名新代表到达。

德国代表团选出了参加根据大会议事规程决定成立的讨论大会前3项议题的委员会的代表。劳工保护委员会由倍倍尔、莫尔肯布尔、武尔姆参加，保障结社和集会权利问题委员会由博克、麦斯特和泽吉茨参加，讨论对军国主义的态度问题委员会由李卜克内西、辛格尔和施塔特哈根参加。

第四次会议

(1891年8月17日下午)

联合权等问题

由于委员会要做必要的准备工作,第四次会议在星期一下午将近4时才开始。由于劳工保护委员会还没有做好准备,**德尔波特**(法国)代表联合权问题委员会作了报告,并提出同时讨论第2项议题和第10项议题的建议,因为它们的观察角度是相同的,经过长时间的讨论,大会接受了这一建议。

第五次会议

(1891年8月18日上午)

劳工保护立法

在星期二上午9时举行的第五次会议上,**王德威尔得**(比利时)受有关委员会的委托,就大会议程上的第1个议题——**劳工保护立法问题**——作报告:他认为没有必要说明各个工业国家中的劳动立法的情况,重要的是了解巴黎代表大会以来有什么变化。各国代表对此回答说:没有变化! 当然,巴黎代表大会促成了柏林会议①的召开,这是社会党人取得的一次道义上的胜利,但结果怎样呢? 虽然至少有个别反动政府在劳工保护法问题上被迫迈出了第一步,但其他一些国家恰恰由于有了这个决议,援引别的国家为例而放慢了自己的速度。这样看来,这次代表会议的结果对工人来说是弊多利少。在**美国**,人们不仅没有取得任何进展,相反,这个法律在一些州还被看做是违反宪法的;唯一的改善是把八小时工作日扩大到了邮递人员。在**德国**,人们局限于对妇女和儿童的工作作出规定。在**奥地利**,仅仅星期日工作在原则上受到禁止。在**丹麦**,什么变化都没有发生。一位社会党议员在议会上提出了八小时

---

① 指由德国皇帝威廉二世发起、1890年3月在柏林举行的第一届国际劳工保护会议。15个国家的代表出席,讨论了劳动时间、妇女和儿童劳动、夜班和节假日等问题。——编者注

工作法，但是遭到了坚决拒绝。在**瑞典**，当局任命了3个工厂视察员，这就是所做的一切。在**罗马尼亚**，没有发生任何变化。在**瑞士**，人们试图建立养老保险和伤残保险，并在所有企业实施工厂法。在**法国**，当局制定了一些有关女工、童工和计件工的无关紧要的法律，并对统计和工人委员会作了一些规定。在**英国**，确定童工年龄为12岁的规定使儿童劳动有所改善；但人们希望为纺织工人、矿工和铁路工人制定八小时工作日法。在**荷兰**，制定了一项关于妇女和儿童工作的法律。在**比利时**，制定了一项关于妇女和儿童工作、关于由同等人数的工人和雇主组成的劳动委员会的无足轻重的法律。这就是所有情况。但就连这些可怜的规定也根本没有得到实行，这些规定几乎在各地都成了一纸空文。工厂主就像一个说"你可以给我洗澡，但不要把我弄湿"的孩子一样。剥削者对政府说：我们愿意受到法律的限制，但前提条件是，要像现在一样毫无顾忌地进行剥削！简而言之，没有带来任何成就的柏林会议一定会使工人相信，他们只有通过自己的力量才能实现改革。因此，我们要进行孜孜不倦的宣传，要派遣社会党人参加立法机构，去夺取政权和占领议会。

受委员会的委托，王德威尔得建议通过下列决议：

"代表大会认为：

1889年巴黎国际代表大会以来，在一些国家中颁布的劳工保护法和规定根本不符合工人阶级的正当要求。

特别是柏林国际劳工保护会议（正如人们已经承认的那样，它是在巴黎代表大会的影响下召开的，因此可以被视为对工人阶级的一种让步）的讨论表明，迄今为止，各国政府既没有表示要对工人阶级承担义务的意图，也没有表示这样的愿望。

相反，柏林劳工保护会议的讨论给与会各国提供了借口，以柏林会议决议和其他正在互相竞争的国家里缺乏劳工保护立法为挡箭牌，拒绝在保护立法方面采取任何进一步的措施，代表大会因此必须最坚决地谴责这种居心不良的做法。

同时，代表大会声明，现有的、本身有缺陷的劳工保护立法没有得到充分的执行和监督。

因此，代表大会要求各国工人阶级，通过有力的鼓动，并且运用各国工人阶级的一切相宜的手段支持巴黎代表大会的决议，即使这种鼓动在一开始除了向各国工人阶级证明统治阶级和剥削阶级对任何有效的劳工保护立法持敌视态度之外，没有其他任何效果。

此外，代表大会鉴于国际社会主义工人运动，特别是劳工保护立法有统一的领导的必要性，特向各工人组织提出如下要求：

1. 为了制定劳工保护立法，在各国组织对劳动条件进行长期调查。
2. 为了统一制定劳工保护立法，彼此互相作必要的通报。

最后，代表大会要求全世界工人，面对资产阶级政党的反抗而把自己的力量团结起来，并且在工人已拥有政治权利的一切地方，**不要把自己的票投给那些不承诺支持他们要求的人。**"

第六次会议

(1891年8月18日下午)

劳工保护立法

（继续）

在星期二下午两点半开始的第六次会议上，这个决议案受到讨论。**沃克**（伦敦家具细木工）报告了其行业的状况以及英国劳工保护的状况，讲述了工会会员和社会党人之间的关系；他是社会党人，同时又是工会会员，两者都致力于改善社会状况的同一目的；如果工会想实现它的目标，就必须具有社会主义性质。人们仅仅考虑工人自己之间的竞争所造成的困难。沃克援引了把工资压得非常低的犹太移民输入的例子（担任翻译的**李卜克内西**补充说，德国工人的情况在一定程度上也如此，他们因不懂英语，不了解情况，不是按伦敦工会商定的工资标准，而是按照大陆标准领取工资，这样一来也使英国人的工资被降低了）。因此，报告人说，工人们必须取得国际性的一致，工会只有在国际范围内联合起来，才能取得胜利；单纯指望政府是幻想，英国政府就是一个证明，它在议会里一次也没有提出过它在柏林会议上正式承认为有必要的那些最低要求。

德尚（法国制帽工人）与刚刚发言的英国人相似，就工人状况的恶化发言，这种状况由于关税政策而变得更加严重，因此建立在国际基础上的组织是必要的，这样做可以使工人们了解到各个国家中本行业的状况。

倍倍尔（受到暴风雨般的掌声的欢迎）：他不在这里讨论德国工人的一般状况，而认为应对巴黎代表大会上提出的要求①采取一致行动。对于前五项要求，大家的意见是一致的；对于由法国人和比利时人提出的后面的要求，他和他的德国同志们有不同的意见。他首先想强调指出，根据他的理解，社会民主党的主要任务不是要争取一个劳工保护法，它的任务首先是向工人们阐明现今社会的性质及其特点，以便使这个社会尽快消失，而且要消失得比这个社会自身的发展规律所携带的致命病菌使之灭亡的速度更快。工人必须认识社会的性质，这样，如果它的最后时刻一到，工人们就能建立一个新的社会。他特别强调说，国外有人最近发表了很多意见，说在德国党内对这一任务或策略存在着原则分歧。这是错误的，不存在这种分歧，谁想试图使党离开这个任务，他自己就必须立即离开这个党。

我们的党也是一个宣传党；工人阶级的一大部分离我们还很远，因此我们必须使用一切方法和途径，一方面把这部分人争取到我们这方面来，另一方面改善工人阶级的状况。对于能使工人更有战斗力、从而也能更加有效地进行反对资产阶级的斗争的劳工保护法问题，我们的态度也是这样给出的。不管资产阶级多么不情愿，它还是被迫步步退让，被迫违背它的愿望而加强工人反对现今社会的斗争。

随后，倍倍尔阐述了德国社会民主党对帝国政府的态度，当时，帝国政府为了把世界的注意力骤然引向自己，为了显示对工人友好，采取了一个冒险的行动——接受瑞士国际劳工保护问题的倡议。即使外国对此抱有怀疑，但从最近选举投票的数字来看，德国社会民主党已经证明

---

① 巴黎代表大会有关这一问题的决议见本书第14卷第216—218页。——编者注

它没有受骗，没有让先发制人者占上风。正如柏林会议没有获得任何结果一样，帝国政府的劳工保护法案尽管名目繁多、引人瞩目，但就实质而言毫无意义，而在很多方面恰恰是更坏了，因此，最后连社会民主党的议员也声明反对。简而言之，在德国没有一个社会民主党人在这个问题上头脑不清，或者受到蒙蔽。

关于上述决议案的个别条文，代表大会应避免作出不适合工人组织执行的决议。关于劳动统计，英国等国的工会虽然作过多种考虑，但毫无疑问，没有全社会的手段，这种劳动统计是不可能的。但由于决议案所采取的形式不包含任何义务，所以他没有提出反对意见，尽管他对这项工作不抱多大希望。

关于决议案的第三点，他必须重复一遍他昨天在委员会上已经说过的话。这些要求对他来说不是太多了，而是还不够。根据德国的形势，任何一个不彻底承认社会民主党纲领的人我们党都不会提出来作为候选人；但根据这个决议案只要同意巴黎决议中关于劳工保护的各项要求就够资格了。每个资产阶级政党都可以赞成这点，但这样做还远远当不了社会主义者。社会民主党必须使那些揭社会疮疤的党旗帜鲜明，以便大家都能看清它们的所作所为。但我们承认其他国家的同志有根据自己的情况行动的自由，能同我们保持协调一致，我们就满意了。（热烈的掌声）

第七次会议

(1891年8月19日上午)

劳工保护立法

（继续）

第七次会议于星期三上午10时举行，继续讨论劳工保护问题。

美国犹太工人的代表**卡恩**要求在决议中纳入关于阶级斗争的声明，指出，我们必须坚持不懈地进行阶级斗争，直到雇佣制度消灭。在工会得到各种让步的情况下，切不可忘记强调指出，单纯的工会组织是不够的，工人必须夺取政权。

阿德勒博士（维也纳）指出了几个翻译中以及在关于奥地利劳工保护状况的报告中出现的错误。自巴黎代表大会以来无疑没有发生什么变化。但说奥地利根本没有劳工保护立法则是不对的。除了英国和瑞士之外，奥地利的劳动保护法是世界上最好的，我们有正常的工作日，禁止妇女和儿童上夜班，星期日休息。但是，所有这些冠冕堂皇的规定主要都仅仅停留在纸面上。这样，我们缺少一些国家已很普遍的东西，而没有它整个劳工保护都是虚幻的——这就是监督法律执行的权利；我们没有结社权和集会权，根本没有联合权。

他对决议案总的表示满意；不过，八小时工作日的提出不是起始于巴黎决议，它提出的历史同社会主义运动一样长。但是，资产阶级歪曲了这种思想。他们像制造假冒食品一样伪造思想，他们伪造了自由的思想,伪造了平等的思想,现在又伪造劳工保护的思想。因此需要说明的是,资产阶级所说的劳工保护不是我们的见解。我们在英国和瑞士看到,资本家以劳工保护的热情拥护者自居——可是劳工保护必须在国际范围内实现;只要其他国家还处于落后状态,人们就什么也做不成。由于资产阶级避免确立本国的劳工保护,所以国际劳工保护实际上变成一种国际性的对剥削者的保护;因此我们必须一再重申,要从本国着手做起。我们奥地利人和德国人一样,也是革命的社会党人。拒绝整个议会制度,这听起来当然是激进的,但这是错误的。我们认为,整个议会制度、选举权、表决权、劳工保护,这些只是达到目的的手段,是使思想革命化和赢得进行这场革命的穷苦人的一种好的手段。我们永远不能因为这些手段而忘记了我们的目的。

发言人最后重复了关于是否支持候选人要看他是否赞成劳工保护而定的那一段话。这是不够的,他不得不投反对票。如果要求对巴黎代表大会决议表示赞成,那他是会赞成的,因为这个决议不仅要求劳动保护的规定,而且还包含有社会主义的原则声明。我们在奥地利没有普选权,因此,我们也差点受到资产阶级激进政党利用这些要求来进行的欺骗;但我们始终拒绝了他们,因为我们坚信,我们的要求从社会的统治阶级那里是得不到实现的,然而,如果我们自己把我们的旗帜盖住或收起来的话,我们将不能赢得工人。(热烈的掌声)

弗兰克尔(巴黎)反对决议案的含糊的、软弱的、不明确的形式;他要求强调工人运动的阶级特点,既针对如法国的资产阶级政党所说的自1789年以来就不存在阶级了的说法,也针对工人阶级中的某些派别,它们宣称任何一个劳工保护的要求都是社会主义的。他也不同意结尾一段的说法,因为那一段可以让人作这样的解释,即工人只应反对工业剥削,反对自由派,但同样必须同教权主义—保守派以及同地主阶级作斗争。应该明确声明，我们的主要注意力应该集中在夺取政权上，因为只有当工人掌握了政权时，他们才能获得经济上的解放。

提出的各种修正案均呈交委员会。

第八次会议

(1891 年 8 月 19 日下午)

劳工保护立法

(继续)

第八次会议于星期三下午 3 时半举行。**王德威尔得**（比利时）作为劳工保护法委员会的报告人作报告。尽管在讨论中出现了不同的意见，牢记马克思教导的工人们在事业上应该团结一致，他要求在大会上像在委员会里一样一致通过这个决议案。

在热烈的欢呼声中，下述决议获得一致通过：

"代表大会基于阶级斗争的立场，并确信不消灭阶级统治，工人阶级就不可能获得解放，它声明：

1889 年巴黎国际代表大会以来，在一些国家中颁布的劳工保护法和规定根本不符合工人阶级的正当要求。

特别是柏林国际劳工保护会议（正如人们已经承认的那样，它是在巴黎代表大会的影响下召开的，因此可以被视为对工人阶级的一种让步）的讨论表明，各国政府不想进行必要的改革。

相反，柏林劳工保护会议的讨论给与会各国提供了借口，以柏林会议决议和其他正在互相竞争的国家里缺乏劳工保护立法为挡箭牌，拒绝在保护立法方面采取任何进一步的措施，代表大会因此必须最坚决地谴责这种居心不良的做法。

同时，代表大会声明，现有的、本身有缺陷的劳工保护立法没有得到充分的执行和监督。

因此，代表大会要求各国工人阶级，通过有力的鼓动，并且运用各国工人阶级的一切相宜的手段支持巴黎代表大会的决议，即使这种鼓动在一开始除了向各国工人阶级证明统治阶级和剥削阶级对任何有效的劳工保护立法持敌视态度之外，没有其他任何效果。

此外，代表大会鉴于国际社会主义工人运动，特别是劳工保护立法有统一的领导的必要性，特向各工人组织提出如下要求：

1. 为了制定劳工保护立法，在各国组织对劳动条件和工人阶级状况进行长期调查。

2. 为了统一制定劳工保护立法，彼此互相作必要的通报。

最后，代表大会要求全世界工人团结一致反对资产阶级政党的统治，并且在工人已拥有政治权利的一切地方，利用这种权利把自己从雇佣奴隶状态下解放出来。"

工人对犹太人问题的态度

从现在起大会转入讨论议程上的第4项议题：工人对犹太人问题的态度。

卡恩（纽约）说，他不是作为一个犹太人，而是作为一个工人来到这里。对于我们社会党人来说，犹太人问题与军事问题相比是微不足道的；但目前形势迫使我们对这两个问题都要表态。代表大会昨天向伦敦正在罢工的细木工人表示了支持，今天代表大会向经常罢工，经常受迫害、受攻击的犹太兄弟表示同情。人们使犹太人变成了一个特殊的阶级，那么现在必须把这场阶级斗争进行到底。为此目的，犹太工人要求在社会民主党内占有一席之地，以便进行解放人类的伟大斗争。

沃尔德斯以主席团的名义声明：在这个问题上我们大家的意见是一

致的。正如我们过去对受迫害的俄国革命者表示我们的同情那样，现在我们对受迫害的俄国犹太人表示同情。反犹太主义是一种现象，其根源完全在于资产阶级政党，这种现象的产生除了其他原因之外，还因为犹太剥削者是比较狡猾的剥削者。对于受压迫的犹太人来说，只有一个获得解放的办法：加入社会主义的行列。他以主席团的名义提出一项决议案，在经过微小的修改后该决议案被一致通过：

"鉴于，

在各国社会主义工人政党的原则和纲领中早已清楚地阐述过，它们不赞成民族的和种族的对立和斗争，而是进行一切国家和种族的无产阶级的阶级斗争；并且，对犹太种族和讲犹太语的无产者来说，除了加入有关国家的工人组织外，没有其他任何获得解放的办法。

代表大会认为：

基于这样一种判断，即反犹煽动和亲犹煽动只不过是资本家阶级和政治上的反动派的诡计，其目的在于分裂工人和转移社会主义运动的目标。

因此，讨论由讲犹太语的美国同志提出的暂定议程上的第4项议题是多余的。"

代表大会转入议程其他议题。

第九次会议

（1891年8月20日上午）

联合权和国际组织等问题

第九次会议于星期四上午10时举行。讨论大会议程上的第2项议题（**联合权及其保证、罢工、联合抵制等**），第10项议题（**国际组织、普遍的劳工统计等**）应与它一起讨论。**格鲁西埃**（巴黎）受委员会委托作报告。该委员会未能就一个共同的决议案取得一致意见。法国和比利时代表建议通过各个国家委任的、互通往来的委员会进行国际联系，这一全国性的组织又分设下属委员会。他们认为，在一些国家里尽管有法律的限制，成立这种组织是可能的，因为社会民主党不顾种种惩罚和迫害，从一开始就建立了国际联系。主要问题在于："为了给社会主义国家的建立打下基础，应当怎样组织工会？"回答是：（1）最大限度地缩减劳动时间和最大限度地提高工资；（2）必须对参加工会的工人进行政治教育，使他们能够肩负起建立社会主义国家的重任。因此，就必须建立一些国际组织。工人必须不再是法国的、德国的、英国的工人，他们必须是全世界的工人。他们立足于工会而使用的斗争手段，如罢工和联合抵制，也只有在国际范围内运用才能收效。

因此，英国和法国的多数同志提出下列决议案：

"代表大会声明：

资本家对工人的剥削赋予工人一种义务，即联合起来为自身的解放做好准备。

为此目的，他们必须建立一个强大的组织，不仅要同企业主进行斗争，而且还要为一个平等的社会奠定基础。

全世界的工人要相互声援，他们的联系必须冲破所谓的国家限制。必须用劳动国际来对抗资本主义的国际联系。

因此，参加各种工会组织的工人必须与其他国家的同类工会保持经常的联系，并且用这种办法，以及通过国际工会联合会使全世界工人的力量团结起来。

由于不同国家的立法束缚了工人的国内和国际间的联系自由，工人必须运用公众的强大力量来消除这种状况；当然，他们只能依靠自己的力量来获得解放，并且在任何情况下都必须把国际联系这个获得胜利的唯一保证建立起来。

鉴于目前组织这种国际联盟还有困难，鉴于有必要立即建立各国工人之间的联系，因此各国工会必须成立书记处，它的任务是收集整个工人组织所需要的统计资料和文件。

由于罢工和联合抵制是目前反对资本斗争中的唯一武器，工会团体必须立足于着重使用这种武器。一个组织发起的罢工和联合抵制，所有其他工人团体，尤其是其他国家的同类工人组织都必须予以支持。在有可能和不损害自己尊严的情况下，工人与其举行罢工，不如谋求调解和诉诸仲裁法庭。

必须在所有国家内进行不断而又有力的有利于工会组织的宣传，以便使所有的工人不仅在当前的斗争中团结起来，而且使他们充满信心，目标坚定地去追求和实现他们的彻底解放。

一、工 会

1. 必须在所有的国家为所有的职业建立只允许工人参加的工会。
2. 工会的目的在于捍卫和争取符合人类尊严的工资，缩短劳动时间，首先是把资本主义经济改造成公平分配劳动产品的经济。
3. 工会必须按其行业进行全国性和国际性的联系。

4. 这种全国性和国际性的工会联合会不能把它们的努力仅局限于其行业或某些地方，因为工人的问题到处都一样，只能通过一个联合所有工会的联合会才能解决。

二、通讯、统计、宣传

1. 各国工会本身必须保持不断的联系，同时也和其他国家的工会保持不断的联系。
2. 必须在每一个国家建立工会书记处，目的是与其他国家的工会书记处进行联络，收集涉及工会和工会联合会利益的一切报告和统计资料。
3. 这种书记处只应做管理工作。
4. 每个国家可以根据自己的意愿建立工会书记处。
5. 使用同一种语言的国家应该就出版年鉴达成一致。这种年鉴应该为宣传服务，尤其应为农村的无产阶级服务。
6. 书记处每年用各种语言出版一份报告，内容包括统计数据、宣传以及工会和社会主义的鼓动成果。

三、联合权、罢工、联合抵制

1. 联合的自由在一些国家里完全受到压制，在另一些国家里则受到限制。所有工人组织都应提出联合自由的要求。
2. 罢工和联合抵制是双刃剑，因此工人组织只应在仔细地考察了所有的情况之后使用这种武器，尤其是在雇主没有挑起事端的时候。
3. 必须开展大规模的宣传，使所有工人支持那些进行罢工的工会联合会。
4. 其他国家同类联合会必须尽最大努力，保证某个国家正在进行罢工的工会取得胜利，办法是在自己国家内发动同样的运动，或者提供道义上和物质上的援助。
5. 工人必须通过强有力的组织酝酿举行总罢工的可能性。

四、结社权和联合权的法律保证

工人应该促使他们自己国家的议会和政府颁布关于工会的法律,这项法律应包括下列要点:

1. 所有那些目的在于研究和维护雇佣劳动者经济利益的工会,应自愿与同业的或非同业的工会联合起来组成联盟和联合会。

2. 这种联盟或联合会应自愿地与其他国家类似的联盟或联合会结成国际联盟和联合会。

3. 每个雇佣劳动者都应是工会会员。

4. 每个工会都应像接纳本国人一样接纳外国人加入工会。本国人与外国人在担任工会职务时要一视同仁。

5. 工会和工会联合会应拥有法人所享有的权力。

6. 职业介绍所应完全掌握在工会或由工会管理的劳动介绍所的手中。

7. 公共性的工作只应分配给工会。在工会不接受这种工作时,只应交给那些只雇用工会会员的企业主。

8. 联合权应得到法律的保障。这种法律应包含严惩那些危害和威胁结社权和联合权的人的规定。

9. 应废除反对国际①的法律以及一切束缚结社权的法律。"

博克(哥达)作为共同报告人阐述了使德国工人不可能建立如上所建议的那种形式的全国性联合的种种困难。其实德国人不乏国际团结的精神,德国工人运动的历史证明了这一点。德国代表以及瑞士、奥地利、荷兰和罗马尼亚代表的立场是以建立这种联系的可能性为基础的;他们完全赞成在决议中加入一个原则声明,对他们来说,国际联系的形式只有受托人制度是可能的,其他任何一种尝试都会立即遭到统治阶级

---

① 这里应该是指工人阶级的国际组织。——编者注

采取措施阻挠。根据哈雷代表大会的决议，德国代表提出下列决议案：

"在目前的经济状况下，在统治阶级越来越厉害地压制工人的政治权利和使工人的经济状况恶化的情况下，罢工和联合抵制是工人阶级不可缺少的武器，既可以用来抵御他们的敌人想给他们造成物质上或政治上的损害的企图，也可以用来在资产阶级社会内尽可能地改善他们的社会地位和政治地位。

但是，由于罢工和联合抵制是把双刃剑，在不恰当的地点或不恰当的时间使用它，对于工人阶级来说可能弊大于利，代表大会劝告工人们应仔细考虑在何种情况下才能使用这一武器。代表大会尤其认为这样做是非常必要的，工人阶级组织起来，成立工会来领导这样的斗争，以通过人数上的力量和物质手段达到预期的目的。

有鉴于此，代表大会劝告各国工人大力支持工会组织；同时，代表大会对各国政府和企业主阶级以任何方式限制工人联合权利的一切企图提出抗议。为了保证联合的权利，代表大会要求废除一切限制结社权的法律，同时惩罚那些妨碍工人行使这种权利的人。

代表大会认为所有工人都有责任依据这种精神采取行动；因为各国组织间的合法的国际联系根据现行法律是不可能的，所以代表大会建议各国组织在需要时通过彼此给予物质上和道义上的支持来显示它们的团结精神。至于采取何种形式应由各个国家自行决定。"

艾威林博士（伦敦）：煤气工人联合会不仅团结了本行业的煤气工人，而且联合了70个不同的工会。煤气工人赞同德国人的想法，这种想法非常符合他们的观点，因为煤气工人联合会已经有了一个决议要求建立那种机构。它的书记已经与其他国家的同行建立了通信联系，如果每个国家都已选出一个这样的书记，或者将要选出一个这样的书记，那么一个未来的组织就开始形成了。

德拉波特代表法国少数派声明，他同意德国人的决议案，并且提出了一个与艾威林一致的，也为德国人所接受的修正案。

第十次会议

(1891年8月20日下午)

联合权和国际组织等问题

(继续)

在星期四下午3时举行的第十次会议上继续进行讨论。

福维奥(波瑞纳吉矿工代表)提出了一个修正案,该修正案责成那些有工联组织的国家的工会承担这样的义务,即规定它们的会员不得从事低于工联组织所确定的工资的工作,把不执行这项规定者视做叛徒,并设法使他们被解除工作。

德勒克吕兹(法国)指出,如果德国人同意下列修正案,法国人就准备接受他们的决议案:

"尽管成立一个国际工会中心组织非常令人向往,但它还面临着种种困难。代表大会决定为各国的工人提供一个展现其团结的共同的手段。它建议在一切可行的地方成立全国性的工人书记处,以便一旦发生冲突,书记处就立即互相通报,并互相支持。"

麦斯特(德国)以德国第二小组成员的名义,宣布该小组完全赞成法国人的修正案。

达申斯基作为波兰的代表发言。我们来自这样一个国家,在那里任何一个试图组织工会的人的最后结局都是被关进华沙的要塞里;因此可以理解，我们不能同意要我们担负我们担负不起的责任的那项提案。对于奥属波兰和普属波兰来说，我们奉行的策略是同这两个地区的社会民主党携手并肩前进，因此我们也不能同意委员会的那种形式的决议。

弗利根（荷兰）反对要求工会进行劳动统计的做法，那只有通过国家机构才有可能进行。

帕涅尔（伦敦）声明，代表各行各业有组织的工人的英国代表团在这个问题上一致认为：工人的幸福有赖于无产阶级国际组织的发展，无产阶级的利益在任何地方都是相同的。英国人赞成德国人的决议案。

波科尔尼（维也纳）：之所以发生意见分歧，是因为对社会党代表大会在工会问题上究竟应该采取什么立场有不同的理解。奥地利人同德国人和瑞士人的意见是，这仅仅涉及从原则上阐明社会民主党的立场，而其他派别的代表则认为应该提供一份关于工会本质和工会宣传的死板的教义问答。但这样做得不出什么结果。沉默和行动比夸夸其谈和无所作为要好。我们大家知道，每一个优秀的工会工作者都是一个优秀的社会主义者，每一个优秀的社会主义者都是一个优秀的工会工作者。

德国代表团开会讨论五一节问题

在星期四晚上德国代表们举行的一次会议上，代表们深入讨论了关于**五一节**的问题德国社会民主党应向代表大会主席团提出什么样的建议，并作出决议：由一个六人委员会（倍倍尔、巴德尔小姐、莫尔肯布尔、来自慕尼黑的施米特、施瓦尔茨和乌尔里希）提出一个提案，要求把**五一节**的庆祝活动推迟到5月的第一个星期日举行；如果得不到普遍的赞同，那么就在普遍停工的思想不一定非与五一节的庆祝活动联系在一起这一观点的基础上寻求谅解。

对于德国提出的至多**每隔三年举行一次**国际代表大会的建议没有得到多数人的支持；因此下届代表大会应于 1893 年在瑞士召开；到现在为止，除了纽文胡斯以外，没有一个人同意在芝加哥召开大会。

第十一次会议

(1891 年 8 月 21 日上午)

罢工和联合抵制

在星期五上午 10 时举行的第十一次会议上；德国代表就议程上的第二个议题提出的决议案为各国所接受，这个决议案全文如下：

"在目前的经济状况下，在统治阶级越来越厉害地压制工人的政治权利和使工人的经济状况恶化的情况下，罢工和联合抵制是工人阶级不可缺少的武器，既可以用来抵御他们的敌人想给他们造成物质上和政治上的损害的企图，也可以用来在资产阶级社会内尽可能地改善他们的社会地位和政治地位。

但是，由于罢工和联合抵制是把双刃剑，在不恰当的地点或不恰当的时间使用它，对于工人阶级来说可能弊大于利，代表大会劝告工人们应仔细考虑在何种情况下才能使用这一武器。代表大会尤其认为这样做是非常必要的，即工人阶级组织起来，成立工会来领导这样的斗争，以通过人数上的力量和物质手段达到预期的目的。

有鉴于此，代表大会劝告各国工人大力支持工会组织；同时，代表大会对各国政府和企业主阶级以任何方式限制工人联合权利的一切企图提出抗议。为了保证联合的权利，代表大会要求废除一切限制联合权利的法律，同时惩罚所有那些妨碍工人行使这种权利的人。

虽然代表大会殷切希望能有一个把国际工人阶级的力量联合起来的中央组织，但目前由于存在种种困难，这个组织无法成立，所以代表大会决定，为各国的工人提供一个展现其团结的共同的手段。

在每一个有可能建立全国劳动书记处的国家里建立劳动书记处，一旦劳资之间发生冲突，就立即通报各国工人，以便采取措施。"

只有比利时和法国人中有少数人不同意。决议在热烈的欢呼声中获得通过。

无产阶级对军国主义的态度

讨论大会议程上的第3项议题：无产阶级对军国主义的态度。

李卜克内西发言：委员会指派了两名报告人；他代表德国，**瓦扬**代表法国；在拥有共同的感情和思想的情况下，翻译两位发言人的讲话可能就是多余之举。他首先想强调指出，总的来说在委员会内部意见是完全一致的。如果反对派报刊硬说德国人和法国人之间存在着意见分歧，那是错误的；如果甚至说法国人固然是优秀的社会主义者，但是他们带有沙文主义情绪和从未放弃复仇思想，那么这样的说法丝毫也不真实。在委员会里根本没有提到过复仇这个词。完全相反：以为提出阿尔萨斯—洛林问题就能制造不和的报刊大失所望了。对资产阶级来说，阿尔萨斯—洛林问题是一个棘手的问题；但在我们的委员会里关于这个问题只字未提。道理很简单：对于我们社会党人来说不存在阿尔萨斯—洛林问题，无论对德国社会党人或法国社会党人来说，都不存在阿尔萨斯—洛林问题。如果我们的各种努力得以实现，如果德国实行了社会主义，那么这样的问题怎么还会被提出来呢！阿尔萨斯—洛林问题是一个人为的问题，它只能产生于今天的腐朽社会。

在委员会里也提出了这样的问题，即是否应讨论无产阶级在发生战争的情况下应提出的建议和采取的措施，例如，在战争爆发时拒绝应征入伍和无产阶级举行起义等。恰恰是那些在军国主义的压迫下首先遭受苦难的国家的代表立即一致宣称：所有这些建议或类似的建议都是行不通的。此外，在委员会里还讨论了在五一节的示威游行之外举行一个共同的国际和平示威游行是否合适的问题。关于这个问题，德国代表和法国代表都声明说，这是不必要的；在德国和法国，五一节已同时成为各国人民大团结的节日，在德国和法国没有一次集会不表达这种思想，在其他国家里也是这样。至于和平示威游行问题，不言而喻，社会主义工人代表大会对此必须采取一种与博爱的资产者的集会完全不同的态度。现在有一个和平和自由联盟，我们对它表示充分的同情；但是所有这些和平之友的社会地位妨碍他们认识军国主义的根源，使他们的一切善意的努力变得软弱无力。军国主义问题是一个社会问题；没有阶级斗争，没有阶级矛盾，就根本不可能有今天的这种战争状态。解放了的工人阶级还有什么理由进行民族煽动、互相残杀呢？德国工人的敌人不是法国工人，而是德国资产者；法国工人的敌人不是德国工人和英国工人，而是本国的资产者；不仅我们，而且法国代表们也明确地表达了这种思想。军国主义问题在多大程度上已成为一个社会问题，这从下述事实中也可以得到证明：过去原则上对军国主义采取反对态度的德国和法国的资产阶级政党，现在一致批准军国主义要求的几百万军费。

原因是清楚的。事实上，他们不是想用这支庞大的军队来反对外国敌人，而是要用来保护他们自己，阻止社会民主党的推进，在阶级斗争中保护他们自己，维护他们的剥削特权。

这里不是深入讨论军国主义的后果和下一次战争的后果的场所。在下一场战争中将有千百万人应征入伍，欧洲将全副武装，各国人民将互相残杀，这将是世界历史上从未见过的战争。上次普法战争同它相比，只不过是一场儿戏而已。这场战争势必使我们的文明倒退一个世纪。高举文明旗帜的无产阶级必须设法在一场浩劫毁灭我们共同的文明之前阻止战争的发生。我们必须尽最大努力阻止这场灾难。如果人的兽性发作,那么理智就会沉默,人道精神就会被蒙上面纱。一旦各国人民一起沸腾起来,那么任何一个想阻挡的人都会被碾得粉身碎骨。我们必须证明,我们要消除这种武装的和平,但是,只要我们不消除阶级斗争——那种构成军国主义基础的阶级斗争,一切努力都注定要落空。

为了使对军国主义的这种抗议、对和平的这种呼吁在全世界引起反响,他请求一致通过这个决议案。社会主义的胜利是消灭军国主义从而结束各国人民之间的战争状态的唯一保证。(暴风雨般的经久不息的掌声)

决议全文如下:

"鉴于笼罩着欧洲的军国主义是持续的——公开的和潜在的——战争状态的必然结果,它是由人剥削人的制度以及由此产生的社会阶级斗争所强加的;

代表大会声明:一切旨在消灭军国主义和建立各国人民之间的和平的努力,如果不针对产生军国主义这个祸害的经济原因,那么无论动机如何崇高,都是徒劳无益的;

只有建立消灭人剥削人的社会主义社会制度才能根除军国主义,并给各国人民带来和平;

因此,一切想要消灭战争的人都有责任加入国际社会民主党这个唯一真正的和彻底的和平党。

鉴于欧洲的越来越险恶的形势和统治阶级的沙文主义煽动,代表大会号召各国工人坚持不懈和有力地抗议和反对战争狂以及为之效劳的同伙,并且通过完善无产阶级的国际组织来加速社会主义的胜利。

代表大会声明,这就是防止世界大战的可怕灾难的唯一方法,而这场战争的无法预见的灾难性后果将首先落到工人阶级头上。

在人类和历史面前,只有统治阶级应对这样的灾难负责。"

瓦扬支持李卜克内西讲话中所阐述的决议案。**纽文胡斯**(荷兰)

不赞成结束讨论的提案，因为他想阐明下列与如上决议案针锋相对的决议案的理由：

"代表大会

鉴于民族差别从来不符合无产阶级的利益，而只符合其压迫者的利益；

鉴于所有现代战争都是资本家阶级为了自己的利益而挑起的，是他们手中握有的一种手段，用来分散革命运动的力量，并通过加强无耻之极的剥削来巩固资产阶级至高无上的统治；

鉴于，没有任何一个政府能够为它挑起的战争表示道歉，因为战争是资本主义的国际意志的结果；

国际社会党人布鲁塞尔代表大会决定，各国社会党人将以号召人民举行总罢工来回答可能的宣战。"

结束讨论的提案遭到拒绝，**纽文胡斯**作了长篇发言来阐明其提案的理由：如果仅仅想作出一个一致的决议，那么只需要用一般的套话就够了，如像第一个决议案的情形那样；如果把这个决议案中的社会民主党人和社会民主党这两个词换成基督徒和基督教，那么，如罗马教皇之类的救世军，总之，一切党派都可能投票赞成。在他看来，把资产阶级说成是军国主义的根源，就好像两个男孩在打架，每一个人都指责对方先动手一样。所有这些都是毫无意义的大话，它只会使我们在全世界面前丢人现眼。在小组中，我属于少数派。由于在那里像在任何地方一样，弱小者会被吃掉，所以我的主张被置于一边。因此，我要向代表大会的全体代表呼吁。即使我的主张在这里同样被置于一边，那我也会感到安慰：少数派的思想终究在世界上第一次作为笑料出现了。大国的国际精神比小国差。原因是大国有野心，而小国没有足够的力量这样做。由于缺乏国际主义感情，就产生了沙文主义。因此，在我们中间也有沙文主义者，特别是在德国人中间。为了证明这一点，我只要举福尔马尔做例子就够了，他在自己的论述中理所当然可以援引其他德国同志在议会中的声明。我之所以说这些，是因为我是德国人的朋友，而在朋友之间必须讲真话。这种沙文主义对我们的整个社会主义运动是一种危害。在战争爆发的时候，所有的社会党人都必须采取同样的态度。否则指挥官一声令下，人民就会盲目进军，互相残杀。沙文主义会在进攻性战争和防御性战争之间作出区别。众所周知，外交家们善于根据他们的需要把任何一场战争说成是进攻性战争或防御性战争。至于谈到战争爆发时我们应持什么态度，那只有一个办法，就是消极抵抗。人们怀疑怎样进行消极抵抗；他想起了荷兰的一个毛皮烘干工人组织，他们甚至成功地拒绝为伟大的拿破仑服役。社会党人必须向人民讲明，如果战争被煽动起来的话，他们决不再去打仗，因为政府仇恨我们甚于仇恨其他国家的政府。你们知道当战争爆发时各国政府打算做什么吗？它们将把社会党人驱赶到第一线，让他们互相残杀，以达到消灭他们的目的。社会党人只有拒绝互相射击，才不致成为这个阴谋的牺牲品。这样一来，他们虽然有被监禁的危险，但监禁总比死亡好。对于我们来说，宁愿把无产阶级反对资产阶级的国内战争置于国家之间的战争之前。如果各国政府宣布战争，那么这就是一场革命。而我们方面有权用一场革命来作回答，要求人民不要拿起武器。人民不要战争。人民应起来代替政府，而国际仲裁法庭应该对各国之间的争端作出裁决。如果一国人民不想服从，那么其他国家的人民就应抵制它。但在目前的形势下，战争一旦爆发，人民就应该奋起反抗。恩格斯说过：发给每个人一杆长枪和50发子弹，那么自由就有了保证！① 因此我相信，无产阶级的胜利也将是世界和平的胜利。

---

① 恩格斯这句话的原文是："只要给每个工人发一枝枪和五十发子弹，那共和国就永远再也不会在危急中！"参见《马克思恩格斯全集》中文第1版第36卷第441页。——编者注

第十二次会议

（1891年8月21日下午）

无产阶级对军国主义的态度

（继续）

第十二次会议于星期五下午2时半举行。**瓦扬**发言反对纽文胡斯提出的决议案，这个决议案置委员会决议案中表达得十分明确的基本原则于不顾，而提出一些模棱两可的模糊观点。此外，他还声明，除了荷兰人的两张反对票，决议案在委员会中获得一致通过，所以，人们不能说这是轻率的。

李卜克内西：纽文胡斯断言我们的决议太笼统，说只要把社会民主党人和社会民主党这两个词换成基督徒和基督教，那么每一个牧师都会投票赞成这个决议。曾经当过牧师的他这样说是可以理解的，但是把阶级斗争说成是基督教教义，这对我们大家来说却是一件新鲜事。如果纽文胡斯作为德国人的朋友认为必须向他们讲真话，那么他（李卜克内西）作为一个好朋友现在也想向他讲句真话：难道我们的决议只是些套话、空话，只是些大话！这里写下了社会民主党的原则和纲领。什么叫空话？就是夸夸其谈，言而无信！说要举行全世界大罢工就是一句拙劣的空话！如果我们要宣布全世界大罢工，资产阶级就会嘲笑我们！这是事先宣布一场革命！只有在进行革命时才可以这样说，这是人们要去做的事情，而不是嘴上说说而已，更不能事先宣布。

纽文胡斯责备德国社会党人有沙文主义！要是有哪一个党最不应该受到这种责备的话，那就是德国社会民主党：对此没有任何人比法国人更清楚的了！德国社会民主党人在需要拿出勇气来表现国际主义精神的时候，在每个人都知道为此他们会被送上军事法庭，并受到多年监禁的处罚的时候，他们用行动证明了他们的国际主义精神！我们在1870年不顾这种危险而反对战争，反对兼并，并承受了后果。我们确实做了这些事，但我们没有大肆吹嘘。那么究竟谁是真正的沙文主义者，我要给你们指出来！不是我们，而恰恰是纽文胡斯先生！如果说国际团结曾经壮观地展现出来过的话，那就是在巴黎代表大会期间89名德国代表不顾德国的沙文主义与他们的法国兄弟结成联盟的时候！而那时纽文胡斯却在他的报纸上把这些德国代表说成是一小撮粗野的大吵大闹的人，说他们只不过是他们领导人手中的玩偶而已。

纽文胡斯的这项建议会造成怎样的结果呢？当战争爆发的时候，军法就会起作用。谁拒绝打战，就会立即被送交军事法庭，并被判处死刑！当然纽文胡斯与发生的这些斗争毫不相干！当四五百万法国人和德国人拔刀相向时，荷兰是平安无事的。

我们的决议案宣布了社会民主党的基本原则，宣布了工人的国际组织，即各国人民的国际联盟！请您不要受空话支配！受空话支配会是社会民主党的祸害！请你从空话中摆脱出来吧！无产阶级革命奋斗的目标是：无产阶级组织起来夺取政权。通过像纽文胡斯提出的那样的决议案只能使我们变得滑稽可笑。（雷鸣般的掌声）

纽文胡斯：当李卜克内西责备我说谎话时，不是发出了攻击，而是我受到了攻击。我没有说德国社会党人是沙文主义者，而是说他们当中有沙文主义者。我还反对好像只有德国人才作出了牺牲这种说法。

沃尔德斯认为，要是人们知道委员会里的讨论情况，那就不会说少数派被吃掉了；少数派坚持的观点是，不能忽略各个国家里的不同情况。在原则方面没有出现不同观点；但在各国实际情况不同的条件下，有必要作出一个妥协的决议，因此少数派对决议提出了修正案，让各国在战争爆发时自己去采取最适合那时情况的方法。比利时可能在军队中进行宣传，荷兰可能宣布总罢工。从这一点来看，纽文胡斯本人也会赞成上面提出的决议案。如果我们在这里也像在第2项议题上那样不能在原则的基础上团结起来，那么眼光就太短浅和狭隘了。他请求用鼓掌的方式一致通过决议案。

一系列修正案得到说明。其中，一部分**英国代表**要求通过：国际仲裁法庭，减少军事行动，并且在战争爆发时举行总罢工！**布兰亭**（斯德哥尔摩）提出根据巴黎决议的精神由民兵代替常备军的要求。**鲁瓦奈**（巴黎）认为王朝的利益是战争的根源。

在沃尔德斯发表了动人的结束语之后开始表决。16个与会国中荷兰、法国（32∶23）和英国以相对的多数①投票**赞成经过英国代表修正的纽文胡斯提案**。而委员会提出的提案则被各国所接受，13个国家一致赞成，法国和英国大多数代表赞成，荷兰有1名代表赞成、2人弃权。

---

① 原文如此。从下面宣布的对委员会提案表决的结果来看，这3个国家中赞成纽文胡斯提案的代表（除荷兰外）是少数，而不是相对的多数。——译者注

第十三次会议

（1891年8月22日上午）

第十二次①会议于星期六上午10时举行。

根据主席团的建议，波兰人提出的关于粮食贸易国有化以及设立城镇面包房的提案未被列入大会议程。同时，主席团还建议从大会议程中取消第5和第6项议题（议会制问题，为解放无产阶级应采取的方法以及和资产阶级政党妥协的问题）。**福尔图因**（荷兰）声明说，在确信主席团中的多数人（特别是德国人）害怕把这个问题提出来讨论之后，他撤回提案。**辛格尔**对此提出强烈抗议，这种怀疑简直毫无根据。相反，德国人明确指出，要讨论提案的原则部分。除反对徒劳无益的讨论而外，他们不得不反对讨论各国自己应该采取哪些手段和策略的问题。国际代表大会对这些问题不能作出判断或发号施令，理由很简单，因为这里牵涉到的情况只有本国的同志才了解，才能作出正确的判断。他要求主席团的荷兰委员对他的这番话提出反驳或加以证实。德国人确实也没有理由害怕讨论全体国际无产阶级一直按照我们的看法解决，并且整个无产阶级世界都认为解决得正确和解决得好的这个问题。德国人与荷兰人之间的差别仅仅在于，荷兰人谈革命，而德国人则干革命。（掌声）**伯罗斯**对主席团中的英国委员也提出同样抗议。

---

① 原文有误，应为第十三次会议。——译者注

废除计件工和包工

贝尔特兰德（比利时）就第 7 项议题（废除计件工和包工）提出下列决议案。由于这个提案涉及的纯粹是一个实践问题，他认为没有必要详细说明理由，并要求不用进行太多讨论就予以通过：

"鉴于计件工和包工在大小工业企业中日渐盛行，这种支付工资的形式使对工人阶级的剥削日益加剧，并因此使工人的贫困状况日益恶化和使工人日益成为机器。

鉴于这种制度下，在计算计件工资和包工工资时以最熟练的工人的定额作为计算标准，这造成使工人互相对立的竞争。

最后，鉴于这种制度是工人和企业主之间、工人内部之间经常发生冲突的根源，并且在家庭手工业中也越来越普遍地得到采用。

代表大会认为，这种应该受到诅咒的、最严酷的剥削制度是资本主义社会制度的必然结果，只有在推翻资本主义制度之后才能结束这种制度；但代表大会认为，这绝不是说，各国工人组织可以因此减轻用它们可以支配的和它们自己认为合适的一切手段去尽快消灭这种制度的责任。

代表大会对所谓的'血汗制'和中间商制持同样的观点，并建议采取同样办法来对付它。"

这个决议案除 1 票反对外被一致通过。

男女平等

妇女代表提出下列提案：

"代表大会决定：要求各国社会民主党在它们的纲领中对争取男女平等的努

力给以明确的表述,并且在其纲领中首先提出这样的要求:'保证妇女在民法方面和政治方面享受与男人同等的权利。'"

辛格尔说明了该提案的理由。如果说我们大家原则上都赞成男女完全平等,并且如果说在我们德国的纲领中已经包含了这种要求,那么确实还有很多国家必须提出这个要求,因此需要在这里作出决定。我们不必强调,我们不采取女权主义者的有局限性的立场,这些女权主义者满足于争取允许少数资产阶级妇女从事某些职业,如医师、律师等,并把这当做她们宣传的首要目标。其实应该允许每个妇女从事所有的职业并拥有跟男人一样的权利。我们德国人非常愿意支持我们的女同志们提出的提案,我们在最近一次选举中看到,我们取得的成就除其他原因外在多大程度上也要归功于妇女们的不懈努力和火焰般的热情。因此,主席团要求你们一致通过这个提案,这样,我们就以庄严的方式证明,整个文明世界的社会党人绝不承认男女之间权利不平等。(掌声)

王德威尔得(布鲁塞尔)反对决议案的行文,他赞成完全平等,并赞成废除一切与此相抵触的法律,但是他还想说,妇女的第一义务是待在家里。(抗议声)

此案在表决中除3票反对外一致通过。(热烈的掌声)

闭幕会议

(1891年8月22日下午)

闭幕会议于星期六下午3时举行。

五一节问题

会议讨论五一节问题。报告人**彼得逊**（丹麦）报告了委员会讨论的情况。**英国代表**要求在5月份的第一个星期日举行庆祝，**德国代表**也是这个意见。这两个国家都赞成提出的提案，并以此证明了它们的国际团结。**法国代表**和**奥地利代表**坚持在5月1日举行庆祝，并要求**普遍停止工作**。最后人们一致同意下列提案，即不强求各国采取未经考虑的步骤，而是允许每个国家有可能考虑各自国家内存在的阻力和困难。他以主席团的名义请求不经讨论一致通过下述提案：

"为了维护五一节的明确的经济性质：要求八小时工作日和表明阶级斗争，代表大会决定：

5月1日是各国工人共同的节日，在这一天工人应提出共同的要求和展现出他们的团结一致。

在各国的情况允许的前提下，这个节日应该是休息日。"

许多人要求不需讨论，立即表决。

罗雪尔（奥地利）反对不进行讨论。应该让极少数人说话。许多代表恰恰在这个问题上应当提出他们组织的提案。

倍倍尔不同意讨论。不应该再翻过去的老账,因为这样做必然会引起另一个方面的不同意见。

阿德勒(维也纳)表示反对,奥地利人并不想旧事重提,他们受委托要在全体代表面前表达他们的立场。

尽管奥地利代表抗议,讨论还是结束了。

瓦扬的提案——使五一游行具有和平游行的特点——在按国家进行表决时,除德国、瑞士、匈牙利和法国赞成外,其余各国均反对,因而遭到否决。规定5月1日为游行日的决定,除英国外为各国所接受,但是英国代表也解释说,他们原则上赞成这个决定,只是出于策略上的原因才不得不作出他们的决定。因此在雷鸣般的掌声和热烈的欢呼声中通过了上述决议案。

各国党的共同名称和出版《社会主义年鉴》

第9项议题(为各国社会主义政党取一个共同的名称)提交下届国际代表大会讨论。比利时工人党中央领导机关受委托出版一种国际年鉴。因此第10项议题得到解决。

在瑞士召开下届国际代表大会

大会议程上的最后一项议题是关于在1893年国际博览会期间于芝加哥**召开下一届国际代表大会**的问题。由于茹尔·盖得非常疲劳,**沃尔德斯**作了发言:尽管完全赞同美国人的盛情邀请,但实际问题迫使我们不得不予以拒绝。这次美国同志到这里来参加大会的很多,我们希望将来的代表大会也同样如此。这是表现团结一致的最佳途径。路途遥远、当前欧洲运动的状况以及它所面临的艰巨任务，使我们不能接受前往芝加哥的邀请。相反，委员会的意见是，下届国际工人代表大会应在瑞士召开，开会地点由瑞士同志决定。他希望参加下届代表大会的人比这一届更多！（掌声）

沃尔德斯宣布大会议程已讨论完毕，并且还向大家报告一个愉快的消息：俄国的朋友们已保证说，组织起来的俄国无产阶级也将参加下一届代表大会。沃尔德斯感谢参加代表大会的诸位代表的热忱和工作。他回顾了会议召集者所担负的使战斗的无产阶级的各个派别团结起来的任务。这个任务是困难的，但不是不能完成的；我们之中有性急的人和热情的人，有冷静的人和刚毅的人，所有这些人都有一个共同的敌人和共同的目标。确实，我们大家都可以说，这种团结是肯定无疑的事实。（雷鸣般的掌声）

倍倍尔：他在最后时刻发言的话，只是为了完成一项重大的任务，这项任务既重大而又令人愉快。在与会者雷鸣般的掌声中，他用激动的语言向主席团表示代表大会的感谢：代表大会超出了我们最大胆的设想，并且使我们所有的担心成为多余，这在很大程度上要归功于主席团孜孜不倦的工作。除了主席团之外，首先还有一个人，他的献身精神，他的全心全意的献身精神以及他的毅力受到大家的钦佩。他以代表大会的名义用握手向沃尔德斯表达这种感谢。沃尔德斯在全场的欢呼声中用亲吻表示回谢。

绍维埃尔（巴黎）用热烈的语言表达了大会的决心，代表们将把代表大会上表现出来的精神带回到自己的国家去。一种共同的感情使大家联合起来：憎恨资本主义。

这就是说要以战争反对战争！如果我们大家坚持不懈地传播革命思想，那么建立公社的这一天就不远了。（经久不息的掌声）

伯罗斯（英国）赞同上述意见；他希望不再需要召开代表大会的

时代不久就能到来，这就是社会主义社会的时代。

沃尔德斯高呼"社会革命万岁！"的口号，宣布大会闭幕，接着德国人唱起《马赛曲》，法国人鼓掌欢迎。

各国党和工人组织向大会提交的报告

关于德国社会民主主义运动情况的报告

巴黎国际工人代表大会的决议提出，要定期召开这样的代表大会，从而创建一个组织，在它的帮助下各国社会主义无产阶级可以互相了解，表达其愿望和痛苦，并准备把工人从政治和经济奴役下解放出来所必需的手段。德国工人最衷心地拥护大会的这一决议。

在德国举行的成百次工人集会上，巴黎国际工人代表大会的代表们作了报告，代表大会的决议受到了热烈的欢迎。关于国际劳工立法和八小时工作日的宣传受到了巨大的推动。

当时，德国社会民主党仍然处在1878年"非常法"的压迫下，有些邦政府把参加过巴黎代表大会的人到场作为禁止大会召开的充足理由，企图给宣传巴黎代表大会决议的工作制造困难。

虽然政府使用了这种卑鄙的伎俩（在萨克森王国尤为突出，在那里当局一贯使用最可憎的手段来打击社会民主党），但是各地的工人还是找到了各种办法来表示他们完全赞成国际工人代表大会的决议。

当德国具有社会民主主义思想的工人——他们已在"非常法"的压迫下生活了12年之久——再一次利用这个机会来重新显示自己的不屈不挠的生命力的时候，社会的上层阶级正越来越难以维持现状了。

90天内弗里德里希皇帝的政府在全欧洲人的众目睽睽之下表演的丑剧，俾斯麦接着表演下去的这场丑剧，现在已经发展成最露骨的家族统治。这场戏变成了对病入膏肓的皇帝的宣战，揭穿了在全能宰相俾斯麦的统治下仍然相当年轻的德意志帝国腐朽透顶的徇私舞弊问题。

只要老态龙钟的皇帝还坐在他的宝座上，俾斯麦一有机会就要显示他陪臣般的忠诚和对皇帝主子的唯命是从。但现在，一个被怀疑具有自由主义倾向的人登上了王位，俾斯麦首相便纵容他的那些遍布整个帝国、以他为靠山并从特务机关的数百万基金中领取津贴的御用报纸来反对患不治之症的垂死的皇帝，反对皇室！在几个星期的时间里，半官方报纸对皇帝陛下的侮辱和对皇室的侮辱，使自从帝国成立以来德国反对派报纸所犯的一切同样的"罪行"相形见绌。

当"皇帝的第一臣民"竭力败坏垂死的弗里德里希皇帝一家的名声时，整个官方和半官方的报纸都在大肆吹捧首相的几个儿子的出类拔萃。尽管他们的无能尽人皆知，却仰仗全能的父亲的权势，被安插在薪俸最高的国家官员的职位上。在这之后，对首相儿子们的宣传在首相府内公开进行，为的是保证首相后继有人：国家最高级和最重要的职位必须由俾斯麦家族的男子来世袭。

一方面，俾斯麦这种决心越来越明显；另一方面，人民对俾斯麦的国内政策日益不满（这个政策公开声称，它的目的是要"生产百万富翁"），这两个方面在弗里德里希皇帝最终解脱了痛苦和现在的皇帝——即"俾斯麦的希望"——登上了皇位之后，导致了一场灾难。

在那些所谓有权有势的人物当中，有些人早就对俾斯麦的盖过一切的影响力心怀嫉妒，他们知道巧妙地利用"新主子"的某种倾向来加剧新皇帝和自以为不可缺少的首相之间刚刚处于萌芽状态的矛盾。

值得注意的是，在采取哪种最合适的方式来对付社会民主党的问题上，皇帝和首相的矛盾最尖锐地暴露出来，结果首相被解职了。俾斯麦这个大地主和大工厂老板坚决反对看来对企业主的贪得无厌的欲望可能有所抑制的任何保护劳工的措施，而皇帝周围的人则倾向于在这方面对工人作些小小的让步。

在对社会民主党党员——罪名是他们加入秘密团体——的多次审

判,尤其是在埃尔伯费尔德的大规模审判中暴露出来的警察局骇人听闻的丑事,表明存在一个有组织的、由国家拨款的特工和密探系统,其可恶程度超过了包括俄国在内的世界上任何一个国家的特务组织,这就动摇了某些"上层人士"对反社会党人非常法带来的好处的信心。相反,俾斯麦想召魔驱鬼,主张更严厉地执行反社会党人非常法。

在权势人物中出现的这些对立的观点,使得人们未能就是否延长1890年9月底到期的反社会党人非常法问题达成谅解。因此,在1890年1月25日德意志帝国国会的一次重要会议上,一项稍微温和,但将具有永久效力的反社会党人法,以169票对98票遭到了否决。

由于皇帝和首相之间的争吵暗中加剧,保守派失去了领导。保守派主要由官员、土地贵族和新教教士组成,它不敢投票赞成这项较为温和的法律。天主教的中央党不赞成具有永久效力的法律。民族自由党不再同意驱逐社会党人的条款。于是,尽管德意志帝国国会中四分之三的议员基本上赞成反对社会民主党的非常法,但它没有获得多数票的支持。这次投票表决之后,德意志帝国国会立即被解散了。

怒不可遏的俾斯麦希望从这种混乱中重新赢回他原来的影响。他想把重新通过和加强反社会党人非常法当做即将到来的竞选运动的口号。

然而,这个用"红色幽灵"来吓唬选民——他们在1887年选举中就曾被"战争幽灵",被布朗热将军及其麦宁炸弹吓唬过——的建议,没有得到皇帝的批准。

1890年1月8日,在国会就《反社会党人非常法》进行表决之前,大选的日期被定为2月20日。留给准备大选的时间极短,但社会民主党已充分做好参加竞选的一切准备。他们的目标除了增加自己的代表外,就是阻止那些支持反社会党人非常法的政党的议员重新在国会中获得多数。

我们党按照一贯的做法,在凡是有支持者的地方都提出了自己的候选人。这次竞选运动的规模前所未有。我们的党员创造了为事业献身和自我牺牲的惊人事迹。

俾斯麦追随者的竞选口号是：向社会民主党人及其支持者开战！我们的口号是：打倒俾斯麦及其与人民为敌的制度！

* * *

在竞选运动中期，2月4日，皇帝突然颁发了给首相俾斯麦公爵及贸易和工商业大臣的著名诏书。

在给首相大人的第一份诏书中说，"为了应对因外国竞争而造成的对劳工条件作出规定的困难"，委托帝国首相"向那些其工业同我国工业一起控制着世界市场的国家的政府建议召开一次会议，以便对企业主向工人的劳动提出的要求的限度作出统一的国际规定"。在给贸易大臣的第二份诏书中，指出了应从哪些方面对企业主向工人劳动提出的要求作出限制。诏书宣称，"国家权力机关的任务"是"对劳动时间、劳动长度和劳动条件作出规定，以使工人健康的保持、他们在道德上的要求、经济上的需要和在法律面前的平等的要求得到保证"。

皇帝的这两份诏书起初使各界人士大为震惊。政府报纸曾经几次讥笑采取上面提到的那些保护劳工的措施的可能性。将近3个月前，即1889年11月14日，当有人呼吁制定有关对妇女劳动和儿童劳动的规定的法案时，内务部国务秘书冯·伯蒂歇尔先生在德意志帝国国会上说，"迄今为止确定联邦上院反对德意志帝国国会提出的劳工保护问题的理由仍然有效，在此期间没有发生任何事情，使联邦上院有必要改变它的立场"。俾斯麦本人甚至屡次在德意志帝国国会上反对规定星期天为法定休息日，因为"在国家的这种干预下，工业和工人都会遭受损失"。而现在，对劳动时间的长度作出规定，即采用标准工作日，被当做了

"国家的任务"。同样，俾斯麦曾否定劳工保护国际立法的可能性，但现在他却不得不负责邀请举足轻重的工业国家来参加研究这个问题的会议。

世界似乎突然颠倒过来了。在给首相的诏书中，提到了巴黎国际工人代表大会的讨论。这使资产阶级政党中出现了混乱和茫然。尽管皇帝诏书并没有宣布任何在其他许多工业国家尚未成为法律的保护工人的措施，但是资产阶级的领袖们还是对皇帝"承认社会民主党的要求"这种举动感到惊慌失措。当他们在惊恐和激动中宣称"皇帝诏书很可能是在选举中先发制社会民主党之举"时，他们根本没有注意到他们犯下了侮辱陛下的滔天罪行。

"君主政体的支柱们"宣称德皇庄严宣告的意志竟然是企图获取工人选票的诡计。任何人都知道对诏书的这种评价根本不对。但有一点是肯定的：如果指望诏书会破坏社会民主党和工人的关系，那注定是鸡飞蛋打。皇帝诏书接受了社会民主党的某些要求，怎么可能会削弱工人同社会民主党的亲密关系呢？

巴黎国际工人代表大会称赞瑞士联邦政府倡议召开讨论劳工保护法的国际会议。现在，如果德国政府也倡议召开这种会议，并采取果断的措施去实现各国社会民主主义无产阶级的要求，那么，社会民主主义思想的这一胜利可能产生种种影响，而唯一不会产生的影响就是使我们在选举中失去优势。

＊　＊　＊

选举表明，我们的敌手对皇帝诏书的效果的估计是大错特错了。在1887年选举中，社会民主党获11个议席和78万张选票。在1890年2月20日的选举中，社会民主党获20个议席和142.7万张选票，所以我们的候选人获得的选票增加了 50 多万①，社会民主党一跃而成为德意志帝国最大的政党。除了第一轮投票中当选的国会议员外，我们的候选人在第二轮投票中在 58 个区都当选了。在第二轮投票中，在资产阶级各政党的势力旗鼓相当的地方，我们的同志投了决定性的一票。在第二轮投票中，党的领导指示，只投那些事先发表有约束力的声明——（1）反对任何一种非常法，（2）反对任何制定更严厉的刑法的企图，（3）反对任何限制普遍、平等和直接的选举权的企图——的候选人的票。

党的领导的这一立场，在我们的一些同志中，在帝国内，特别是在国外，引起了某种不安。这些同志认为，他们不得不把这一要求看做是同具有资产阶级自由思想的人串通一气。他们提醒人们注意圣加仑代表大会的决议，该决议"根据以往的经验"建议党员们在只有敌对政党的候选人参加的选举中放弃投票。

但是，圣加仑代表大会的决议是我们党 1887 年在第二轮选举中与敌对政党打交道的经验的产物。而 1890 年的口号则是两种因素的产物：一是因反社会党人非常法被卡特尔帝国国会②否决而产生的政治形势；二是第一轮投票的成就。对社会民主党来说，主要的问题是防止在新国会中再度出现一个一开始就可以断定它倾向于按照上面的意图批准延长非常法的多数派。我们党在第一轮投票中获得的压倒优势的胜利吓得反动的资产阶级政党魂不附体。这些反动政党和地主阶级勾结在一起，准备赞成任何一种镇压和束缚工人阶级的运动的暴力手段。我们如果袖手旁观，从而帮助这些反动政党在第二轮选举中获得胜利，这将是一种无可比拟的政治上目光短浅的行动。

不是为了帮助资产阶级中有自由思想的政党，而是为了防止最腐朽

---

① 原文如此，应为 60 多万。——译者注
② 指民族自由党、保守党和德意志帝国党联合把持的帝国国会。——译者注

的反动派可能取胜,我们在第二轮投票时采取上述立场是必要的。与此相反的态度无异于政治自杀,是对无产阶级和社会民主党事业的最可耻的背叛。

第二轮投票表明我们的候选人的票数大大增加了,我们又获得15个议席,因此,社会民主党现在在国会的议员达到了35名。

1890年选举中的一个显著特点,就是在纯农业地区,如梅克伦堡、普鲁士东部各省和主要经营农业的巴伐利亚王国,社会民主党获得的选票有了巨大的增长。在巴伐利亚王国和梅克伦堡的两个公国,所有选区都投了社会民主党候选人的票。在普鲁士东部各省,我们党只是在几个波兰选区没有获得选票。在这些地区,民族运动和与之结合在一起的宗教运动,完全支配着资产阶级的政治生活,而无产阶级却被联合起来的贵族和教士用人为的方法保持在极其愚昧无知的状态中。再考虑一下微不足道的工业发展和政府对波兰农业地区施加的政治压力,那么,波森省社会民主主义运动的落后就非常容易解释了。

我们的运动是并且只能是纯粹的无产阶级运动。由于运动的这种性质,工人群众聚集的大城市和工业中心是运动的主要发源地。从下面的表格中可以看出,在反社会党人非常法统治的12年中,我们在城市中获得的选票有了多么巨大的增长:

地点	1878年	1890年
柏林	51164	126317
汉堡	29629	67303
布雷斯劳	13065	21555
慕尼黑	5249	28218
德累斯顿	17303	25079

（续表）

地点	1878年	1890年
莱比锡	5822	12921
科隆	2189	10646
马格德堡	6253	17261
美因河畔法兰克福	4080	12663
柯尼斯堡	1108	12370
汉诺威	6588	15789
斯图加特	4136	10446
不来梅	6304	14843
杜塞尔多夫	486	8228
纽伦堡	10162	17045
但泽	114	3525
斯特拉斯堡（阿尔萨斯）	141	4773
开姆尼茨	9899	24641
埃尔伯费尔德—巴门	11325	18473
阿尔托纳	11662	19533
斯德丁	914	7759
亚琛	909	1744
克雷费尔德	467	3030
不伦瑞克	7876	13621
哈雷	1046	12808
吕贝克	1588	6393

除了上面26个大城市外，还可以轻易地举出许多我们获得的选票大大增加的城镇，但是上面列举的数字已经足以证明我们党的成长。

在实行所谓小戒严的一切选区，我们党获得的选票也无一例外地有了同样的增长，这很能说明镇压措施对于一个有理想的运动能产生什么影响。下面我们列举一张未包含在如上已经提到那些城市——如柏林、汉堡、阿尔托纳、莱比锡、法兰克福、斯德丁——中的选区的选举统计表：

选区	1878年	1890年
下巴尼姆	2775	13362
夏洛滕堡	4763	19169
波茨坦—施潘道	?	3977
哈尔堡	1763	6860
奥滕森—平讷贝格	5452	10820
劳恩堡	347	2072
莱比锡（农村地区）	11253	30127
美因河畔奥芬巴赫	5557	10343
施普伦贝格	1242	5610

社会民主党的这一巨大发展，加上资产阶级反对党，或者更确切地说，反对俾斯麦的各党的普遍加强，以及原来以卡特尔党闻名的多数派的完全瓦解，最终也使俾斯麦当不当首相的问题得到解决。

1890年3月10日，俾斯麦的职务被免除，尽管他曾千方百计地证明他是"不可缺少的"。俾斯麦以这种方式下台，使社会民主党普遍感到满意，而使工业大资产阶级、证券交易者和大地主阶级感到惊恐。

这些阶级早就为不能重新通过反社会党人非常法深感烦恼，因为在防止暴力革命的借口下，这条法律被证明是很适合用来镇压每一个独立的工人阶级运动的。现在我们的土地贵族和工厂贵族更把俾斯麦这个百万富翁的扶持者的免职看做特别是对他们的打击。尽管他们的这种恐惧不安随后被证明是没有根据的，新上台的那些人继续走老路，但这还是改变不了一个事实：过去在俾斯麦当权时发号施令的那些人当时感到极大的痛苦。在这种恼怒心情的驱使下，他们准备大干卑鄙无耻的勾当，企图以此造成灾难，从而使被免职的首相这个一切压榨人民的剥削者的偶像复职。

* * *

只有明白这帮奸党的计划，人们才能认清去年由于五一节来临在德国出现的那种被人为地制造的骚乱、荒唐可笑的惊慌情绪和预防措施。像傻瓜一样容易上当受骗的各国市侩们被报纸上的神秘暗示所欺骗，相信在国际巴黎代表大会上秘密作出了进行总革命的决定，并且相信这个革命要从5月1日起的总罢工开始。

一方面，对"红色幽灵"的害怕和恐惧在到处传播；另一方面，雇主们也准备利用五一节这个机会来大规模解雇和联合拒雇一切懂得代表其阶级的政治和经济利益的工人。正如后来发表的官方文件所证实的那样，在这个肮脏的计划中，国营大企业的领导机关，特别是铁路管理当局，已同私营企业主的组织携手联合了。他们的唯一目的就是要完全摧毁全部工人组织。凡是参加工会的人，在长时期内都不得受到雇用。在国营工厂，社会民主党的工人组织或工会组织的成员身份都是被解雇的理由。私营企业主承诺要用重罚来威胁他们雇用的工人退出工会。而一旦工人拒绝服从这种粗暴无理的要求并发动暴乱时，军队和警察就出来拯救国家。

这些唯利是图的人想对社会民主党工人在2月20日投票中取得的重大胜利进行报复。他们采取报复行动的借口就是五一节。

当时到处都可以觉察到的日益临近的工业危机助长了雇主们和反动派的这种意图。在柏林和其他大城市，成千上万的建筑工人失业，钢铁工业和纺织工业的工人也遭到同样的命运。

面对这种情况，社会民主党新当选的国会议员于 1890 年 4 月 13 日在萨勒河畔哈雷举行会议，并发表了一份《告德国男女劳动者》的呼吁书。呼吁书一开始就指出，国际巴黎代表大会并未规定各国一律必须遵守的庆祝五一节的方式。随后，呼吁书列举了如上所述的建议工人在 5 月 1 日这天放弃普遍停止工作的理由。接着，呼吁书号召工人举行群众集会和通过请愿来表明拥护国际代表大会提出的国内和国际劳工立法的要求，当然，首先是八小时工作日的要求。

呼吁书中说："不管什么地方，如果在 5 月 1 日这天停止工作不会引起冲突，那就可以这样做。"

国会党团①的这一立场在国外一再被人指责说过于小心谨慎了。甚至在德国同志中也不是所有的人都赞成它。尤其是在汉堡，那里的工人一向组织程度高，力量强大，有许多基金。汉堡一次大的群众集会决定 5 月 1 日这天普遍停止工作。这一决定付诸实施了。

雇主对工人的这一决定的回答是：把所有参加五一节庆祝活动的人在或长或短的时期内拒于工厂大门之外。被雇主的这一行动激怒了的工人奋起罢工。首先是 2000 名驳船工人进行罢工。接着，木工和泥瓦工也开始罢工。不愿冒风险的冶金工人在两天的"节日停工"之后回厂上班时大吃一惊，因为雇主的通告说必须"对他们十中罚一"，即十分之一的冶金工人要被解雇。当然，所谓的为首分子更是首当其冲。其他行业也采取了类似措施。被解雇的工人上了"黑名单"，遭到各地雇主的联合拒雇，不仅在汉堡及其附近地区，而且在全德都如此。

---

① 这里的"国会党团"是指社会民主党的 35 名国会议员。在实施反社会党人非常法的情况下，他们是党唯一可能有的中央委员会。实际上，他们也作为中央委员会行动。

除了大约一万名左右的罢工工人，还有其他几百名被拒于工厂大门之外的工人也需要得到援助。像在汉堡一样，所有较大的城市在庆祝五一节的活动中都有受难者。为了援助受难者，使他们至少能暂时渡过失业的难关，需要筹集几十万马克。许多工人家庭由于父亲遭到联合拒雇而妻离子散。很多失业工人被迫移居国外，流落异乡。另一些失业工人则想办法转到其他行业去工作。许多勇敢的工人在斗争中倒下了。莱比锡工厂主联盟所干的卑鄙勾当达到登峰造极的地步，它强迫其盟员对所有那些在5月1日停工的工人解雇6个星期，然后才按**降低了的工资**雇用他们。

当然，如果雇主需要"人手"，他们是不需要采取这些措施的。但是，当时日益增加的是"人手"的供给量，而不是需求量。劳动力市场的不景气给雇主提供了好机会，使他们能以最肆无忌惮和最残忍的方式来利用他们在社会上的强势地位。

由于庆祝五一节的活动而引起的罢工和停工，都以对工人不利的结果而告终。

至于五月的游行，就其举行的公众大会和集会来说，它不仅在各处举行，而且规模宏大。在5月1日这天，社会民主主义工人在他们居住的任何地方都按照巴黎代表大会决议的精神，用这种或那种方式举行了拥护八小时工作日和国际劳工保护立法的游行活动。尽管各地都举行了游行，但游行始终是井然有序的。反动的资产阶级非常希望在5月1日这天工人和警察发生冲突，因为这可以证明有必要延长和强化反社会党人非常法。但是，他们的希望完全落空了。

一家有代表性的自由资产阶级机关报怀着压抑不住的恼怒心情写道，"5月1日给了反社会党人非常法以致命的打击"，工人们以他们的明智行为和盛大的游行挫败了他们的敌人的计划。

* * *

5月6日，帝国国会自大选后第一次举行会议。社会民主党国会党团的第一个行动，就是提出一项符合巴黎国际代表大会的建议的劳工保护法案。这个法案第一次在德国国会上提出了实行法定的八小时工作日的要求。迄今为止，在绝对不受限制的剥削自由的情况下，在某些工业部门每日劳动时间实际上长达14小时之多，有的地方甚至更长。因此立即实施八小时工作日意味着一次"飞跃"，在目前国际竞争的条件下，这是不可能的。所以在劳动保护法案中规定了一个过渡时期。劳工保护法案中的有关条款如下：

"自本法案实行之日起，在适用于此法案的企业①中，所有年满16岁以上的员工的工作时间每天不得超过10小时；在星期六和节日的前一天，工作时间不得超过8小时，工间休息除外。

从1894年1月1日起，每天最长的工作时间为9小时。从1898年1月1日起，每日工作时间减至8小时。

地下作业（矿山、盐场等）或在工作昼夜不停的工厂，每班工作时间每天不得超过8小时；对于从事地下作业的工人，这8小时包括上下井的时间。

14岁至16岁的青工每天工作时间不得超过8小时。

更短的倒班时间可由订约双方自由商定。"

国会会议一开幕，政府就提出了针对同一问题的法案。正如我们已

---

① 这一法案不适用于农业雇工和所谓仆役。这些劳动者在德国受仆役条例管辖，并且没有结社的权利。仆役条例是普鲁士的一项法律，它对主人和仆役的关系作出规定。那些住雇主房屋的学徒工和栖身在农场主或地主的土地上的农场雇工都被算做是主人的仆役。

经指出的那样，在选举**前**颁布的皇帝诏书说过，"对劳动时间、劳动长度和劳动条件作出规定"，显然也就是宣布要采用正常工作日。但是，政府的法案对这个一切劳工保护的首要的和根本的要求却再也不提。它仅仅规定成年女工在工厂劳动的时间应限制为 11 小时，并禁止让她们上夜班。至于 14 岁以下的童工和 14 岁至 16 岁的青工的每日劳动时间（按现在的规定分别为 6 小时和 10 小时），政府的法案未作任何改动。

尽管政府的法案对目前的劳动条件作了这些以及其他一些小小的改善，但是，它包含的关于所谓违反合同和行使结社权利的规定，实际等于完全取消了工人的结社权利。

德国工人的结社权利一向受到这样一种情况的严重阻挠，即几乎完全是在最黑暗的反动时期制定的关于政治结社和集会的法律也适用于工会组织。这些法律禁止几个协会实行联合，甚至把一个协会寄钱给另一个协会，或一个协会的执委会写信给另一个协会的执委会的行为，看做是一种联合。因此，德国的工会组织（且不说根据反社会党人非常法对它进行的迫害）不断遭到警察局和法院的卑鄙迫害。

由于警察局和法院的倒行逆施，德国的工会组织没有哪一个没有被解散过，或者没有被迫实行过改组。

尽管多年来一直受到这样的迫害，德国工会还是成为了一支庞大的队伍。这无疑一方面表明了这种工会对于工人的必要性，另一方面显示了工人为捍卫自己的利益而斗争的坚韧不拔的精神。

在 80 年代后半期，商业较为景气，各地工人都利用这个机会来改善自己的状况。所以，雇主阶级的全部怒气都朝着"社会民主党的行业联合会"发泄。大工业的代理人也对让工人通过他们的行业组织代表他们的利益的要求（哪怕这种要求甚至是非工人阶级的成员提出来的），表现出一种不共戴天的敌意。他们借口纪律和权威，说没有他们企业就不可能正常运转，要求工人绝对服从雇主及其代理人的最高意志。

多年来，工人为改善他们的劳动条件所作的任何努力，都一直被资产阶级报刊说成是"社会民主党煽动的"结果。政府现在也这样办，把反对"滥用结社权"的非常严厉的惩罚条款列入它的所谓劳工保护法案。

为了向各文明国家的工人说明，在社会改良的旗帜下上台的、通过召开国际劳工立法会议在许多外国人眼里给自己涂上了一层对工人阶级友善的油彩的德国政府所说的"滥用结社权"是什么意思和它想采取的惩罚措施是什么，我们在这里引证一下有关条款：

"第153条：凡企图通过武力、威胁、侮辱或毁谤来达到以下目的者，即

（1）促使工人或雇主参加第152条①中提到的那种联合，或者阻止他们退出这种联合；

（2）促使工人停止工作，或阻止他们继续或重新工作；

（3）促使雇主解雇工人，或阻止他们雇用工人。

罚以不少于一个月的监禁。如属惯犯，则罚以不少于一年的监禁。

对于任何公开号召工人擅自离开工作的人或擅自解雇工人的雇主，也予以同样的处罚。"

在我国那些出身资产阶级、对工人阶级运动怀有职业偏见的职业法官手中，这一荒谬可笑的条款变成了工人实行联合的一切努力的陷阱。这一条款在整个德国工人阶级中激起的义愤的风暴，终于使天主教中央党（其大部分选民在工业地区）也拒绝投票赞成它。

于是，指望这些最坏的条款能获得通过的企图落了空。但是，最终得以通过的劳工保护法——即使从它当前的这种形式看——也没有满足

---

① 这一条取消了对工人或雇主为了取得较好的劳动条件而进行联合——尤其是联合停工或解雇工人——的所有禁令和刑罚。

这类法律的最基本的要求。它甚至做得更糟，新纳入的所谓"处罚"条款包含的规定构成了一个不利于工人的非常法。按照这一条款，如果工人因离职——不管其离职出于何种原因——而违反合同，雇主有权扣发整整一个星期的工资。这样，他们就能从雇佣关系开始之时起，从工人那里追回整整一个星期的工资。使这一条款显得更加不公正的是，该法案明确规定，无须提供因违反合同而造成的损失的证据就可以扣发工资。这样，如果雇主不规定解约的通知期限，用折磨工人的办法来使工人离职，他就能以这种卑鄙的手段从全体工人的平均工资中捞些油水。单单法案的这一条款，就足以证明这一法案对于**保护**工人的价值了。

因此，在今年对此法案进行最终表决时，社会民主党的全体议员也一致投票反对政府的这一法案。他们的做法使所谓"工人之友"的执政党极为恼火，他们在持续数周的辩论中对这一法案的锲而不舍的批评，揭穿了它的真正含意，从而粉碎了执政党欺骗工人的计划。

* * *

当延长任何一种形式的反社会党人非常法的企图肯定被打消了时，我们党的执行委员会就立即采取步骤，准备非常法一失效就尽快在德国国土上召开12年来的第一次代表大会。

1890年9月30日，反社会党人非常法失效。8月1日，我们党发表了社会民主党议会党团全体成员署名的呼吁书，号召代表们参加于10月12日起在萨勒河畔哈雷举行的代表大会。

* * *

在伦敦出版的刊有召开代表大会的呼吁书的《社会民主党人报》

上，该报编辑部声明，该报出版人响应议会党团一致提出的建议，决定在反社会党人非常法失效那天停止发行《社会民主党人报》。

该报编辑部在上述声明中说：

"《社会民主党人报》的使命已经完成。

当党在德国的机关报被取缔时，当社会党人出版的没有被反社会党人非常法砍掉的极少的几家报纸不可能发表捍卫党或党的原则的言论时，这时创办的《社会民主党人报》所肩负的使命是：填补这个空白，挡住反社会党人非常法对党的打击。它首先是党**反对非常法的斗争机关**……10月1日，反社会党人非常法将失效；9月底，《社会民主党人报》将停止出版。"

1890年9月27日，《社会民主党人报》出版了最后一号。该报创刊号于1879年9月问世。从当年第四季度起，该报连续出版了整整11年。弗里德里希·恩格斯在为该报最后一号写的一篇文章中，称《社会民主党人报》是"德国社会民主党的旗帜"。接着，他写了下面这段对该报的评价，对于他的评价我们完全赞同：

"这个报纸也是值得为推销它而作出努力和经受危险的。这无疑是党曾经有过的最好的报纸。这不仅是因为只有它享有充分的出版自由。在它的篇幅上极其明确地和坚决地阐述并捍卫了党的原则，编辑部的策略几乎毫无例外地都是正确的。"①

* * *

还在反社会党人非常法失效之前，国际劳工保护会议于3月15日在柏林召开。想必大家都已经知道这个会议协商的结果。这次"外交官

---

① 《马克思恩格斯全集》中文第1版第22卷第89—90页。——编者注

会议"提出的软弱无力的、不完备的建议，没有给德国工人阶级留下什么深刻的印象。如果说这个会议本身是对巴黎国际工人代表大会一致提出的呼吁各文明国家制定劳工立法的要求的让步，那么会议的讨论情况和提出的建议最清楚地表明，在我们从高谈阔论到实际行动之前，多么需要站在工人立场上进行不懈的宣传和活动。

9月30日晚至10月1日，德国各地都举行了庆典和集会，隆重庆祝反社会党人非常法失效。在实施戒严的地区，尤其那些过去遭到驱逐、现在再也没有任何东西阻止他们返回家园的人，成为了游行队伍的中心。

根据反社会党人非常法失效前公布的关于这个法律实施后果的情况的材料，我们看到，有1400种刊物（其中155种是期刊）在非常法存在期间被禁止。被从宣布戒严的地区驱逐出境的人数超过900人。在根据非常法或援引非常法而进行的各种诉讼案中，包括待审拘留在内，共判处了约1000年监禁和徒刑。这些数字仅仅提供了这个可耻的法律及其实施的结果给德国社会民主党工人造成的实际苦难的大致情况。

* * *

但是，在我们党的支持者被剥夺法律保护的12年间，党并没有发生丝毫的动摇，这一点在10月2日（星期日）我们的代表大会在哈雷由威·李卜克内西同志宣布开幕时辉煌地显示出来了。

399名代表从德国各地赶到会场，这证明，尽管党和它的支持者受到敌人的百般污蔑和迫害，但党不仅没有被破坏，而且党员人数还增加了两三倍。此外，奥地利、法国、英国、比利时、瑞士、波兰、荷兰、丹麦、瑞典和挪威的友好政党的代表还赶来参加了我们庆祝胜利的活动。哈雷代表大会实际上变成了庆祝胜利的大会。还应提到的是，从各个重要国家和世界各地纷纷发来了贺信和慰问信。整整持续了8天的讨论完全公开,并显示出党在一切重大的原则问题和策略问题上的高度一致和团结。司库奥·倍倍尔报告了党的财务情况。他说,在圣加伦代表大会上报告了党截止1887年8月底的财政收支状况,从那时至今,党的收入达390509马克52芬尼(折合19525英镑9先令6便士)。扣除一切开支后,实际库存为171820马克90芬尼(折合8591英镑10便士)。在此我们可以说,党员同志的自我牺牲精神自哈雷代表大会后仍一如既往。

哈雷代表大会给党建立了一个新的机构,大会宣布,在柏林创办的《柏林人民报》是党的中央机关报,并给它选择了一个新的报名:《前进报》。代表大会在对给人民带来自由的国际社会民主党的热烈欢呼声中结束了自己的讨论。

* * *

哈雷代表大会后,党的主要工作是重建组织并针对反社会党人非常法失效后的新形势作出调整。

在帝国的几乎每一个省和邦,我们党都举行了相应的代表大会。特别值得注意的是党的报刊。随着党的成长壮大,党的报刊也有了前所未有的发展。从1891年第三季度开始,在德国出版的政治报刊的情况是:

每周出版6期的报刊	27种
每周出版3期的报刊	23种
每周出版2期的报刊	7种
每周出版1期的报刊	10种
两周出版1期的报刊	2种

因此,总共有69种政治性报刊。其中有的报刊的订户超过3万户。

这些报刊几乎都是靠自己的经费维持的。根据哈雷代表大会的决议，党的执行委员会还创办了一份用波兰文出版的政治刊物，它没有包括在上面列举的报刊数字之中。

除了这些政治性的报刊外，还有每周出版一期的科学评论杂志《新时代》，两种社会主义幽默杂志，以及一系列文学和教育方面的报刊，它们很多是作为党的政治刊物的增刊发行的。

正像非常法的失效给党带来新的生命一样，它也给工会运动带来了新的生命。的确，最近两年来经济越来越萧条，这对罢工运动产生了非常不利的影响。因此，参加工会的工人几乎普遍都放弃了进攻性罢工，而只限于防御性罢工。但是在工会领域重建组织的工作目前正在加紧进行。在这方面最重大的事件是煤矿工人加入现代工人组织的队伍。煤矿工人在德国有30万，直到不久前还游离于整个工人阶级运动之外，或者只是参加某些地区（例如萨克森）的运动。自从1889年发生矿工大起义①以来，情况有了变化。从那时起，矿工组织就不断进步。现在的情况是：德国矿工终于振作起精神，成立了独立的组织，敢于维护和捍卫自身的利益，抗拒矿山所有者和矿山工厂主的意志和命令；他们同样不再受教士们的欺骗和愚弄了，过去，特别是在信仰天主教的省份，教士对矿工有决定性的影响。1889年起义期间和这年春天，工人有机会认识到了这些穿着长袍和修道服的绅士们喋喋不休地谈论的"对工人的爱"的实际价值。这些切身的体验，足以擦亮当时还在跟着中央党的资产者们走的工人的眼睛。

目前，工会运动拥有54种报刊，其中：

每周出版3期的报刊　　　　　　　　　　　　　1种

---

① 指1889年4—6月在德国发生的煤矿工人大罢工。——编者注

每周出版1期的报刊	24种
每月出版3期的报刊	3种
两周出版1期的报刊	22种
每月出版1期的报刊	1种

* * *

今年的五月游行声势浩大。的确，鉴于恶劣的经济形势，这一次在5月1日那天实行普遍停止工作是难以想象的。因此，我们的议会党团呼吁各地在5月的第一个星期日庆祝节日。这一建议得到了普遍的赞同。所以，在5月1日只举行了群众集会或工人集会。会上，发言者指出了五月游行对八小时工作日和国际劳工立法的重要意义。在5月的第一个星期日，人们在没有遭到警察禁止的地方举行了规模浩大的列队游行和其他形式的示威活动，以庆祝劳动节。各地参加游行的工人非常多。仅在汉堡——根据敌对报纸的估计——就有10万人参加了游行。

作为表明德国当前政治形势的特点的事件，我们提请大家注意最近在汉诺威第19选区进行的补选。前首相俾斯麦公爵到这个选区来竞选。他只是在第二次投票中，多亏得到那些在他执政时曾激烈反对他的政党的支持，才击败了我们的同志卷烟工人施马尔费尔特。上面提到的这个选区完全是农业区，连一个较大的镇都没有。

在其他选举场合，如萨克森的市政选举、仲裁法庭选举、黑森州议会选举，我们党不仅控制着原有的阵地，而且赢得了新的胜利，得到了更多的选票，甚至有新的候选人当选。

所有这些斗争都要求付出牺牲；尽管反社会党人非常法失效，当局并不缺乏压迫和限制我们进行宣传的手段。证明这一点的是：1890年10月以后，不仅有成千上万的工人因上了黑名单而遭到联合拒雇，陷于穷困潦倒，而且还有无数的人受到所谓习惯法的迫害。

从1890年11月1日到今年6月底这段时期内，德国法院对社会民主党的工人、编辑和演说人等总计判处了69年3个月零5天的监禁和13936马克的罚款。由此可见，即使处在"新方针"下，没有宣布紧急状态，我们也未必可以高枕无忧。

但是，只要政治迫害仍然存在，甚至进一步加剧，德国社会民主党就不会停止为把无产阶级从社会和政治的枷锁下解放出来的斗争。德国社会民主党人牢记自己对阶级同志和全世界无产者所担负的责任，在任何情况下都将一如既往地坚守自己的岗位，随时做好斗争和牺牲的准备。

大不列颠和爱尔兰的报告

序　言

我们向1891年国际社会主义工人代表大会的代表们提交的如下报告不敢说是完备的或详尽无遗的，它不过是最近两年即1889年国际代表大会召开以来大不列颠和爱尔兰工人阶级运动中做过的比较重要的工作的概述。

我们同样希望大家理解的是，我们并不企图用一个英国的工人党的名义说话。不幸的是，目前还没有这样的党，虽然迹象表明它正在形成过程中。无疑，还会有其他来自英国的报告被提交大会。至于我们的这个报告，我们只能说，我们相信它是力求准确的。我们希望，它所收集的事实和材料会引起我们的代表同伴的某些兴趣并对他们有某些用处。

新工联主义和社会主义

我们的报告所涉及的这两年，是充满极不平凡的活动的两年，这两年的确标志着大不列颠和爱尔兰工人阶级运动史上新纪元的开始。在着手详细论述之前，先谈一下这个通常被说成是"新工联主义"运动的总的趋势和动向。毋庸置疑，这种趋势和动向过去和现在都是社会主义的。的确，在英国就像在欧洲大陆国家一样，"工党"和"社会党"这两个名称还不是等同的。但是，它们正在迅速趋于等同，尽管不少"新工联主义者"首先想极力否认这一点。的确，对于广大人民群众——或者对于他们中的大多数人——来说，社会主义是模糊的和尚未被意识到的，我们还没有欧洲大陆的那种社会党。但是，在联合王国，这个新运动的几乎所有的"领袖"都是社会主义者。"社会主义者"和"社会主义"这两个过去遭到谴责和蔑视的词，正在变成使人们获得工人阶级尊敬和信任的锁钥。这是由于工人们发现，社会主义者是他们最忠实和最可靠的朋友。由于有这种对社会主义者及其教导的信任感，工人的阶级觉悟有了提高，他们开始懂得自己生活在阶级斗争当中；由于懂得了这一点，他们的下述决心已经越来越大：在联合王国也像在欧洲大陆一样，应该有一个和一切旧政党不同并与之对立的工党，一个为工人阶级的利益而斗争的、反对统治阶级的党，一个将参加一切议会选举，参加每一次市政选举、教区选举、教育委员会选举和其他选举的党。新工联主义获得的胜利是伟大的，把成千上万至今尚未参加组织的工人组织起来的工作是宏伟的，但英国工人的这种日益提高的阶级觉悟，是比这两者都更伟大、更值得注意的事实。阶级觉悟的这种日益提高应归功于社会主义者的教导，归功于他们积极的、不知疲倦的工作。许多年来，他们当中有些人像使徒约翰一样在旷野里布道，但是群众并没有云集而来，迫切要求接受新信仰的洗礼。这些使徒们没有灰心丧气，他们继续工作。今天，他们的成果显而易见。

社会主义者

现在，不管人们意识到还是没有意识到，社会主义的纲领就是"新工联主义"的纲领。正如我们已经说过的那样，在英国没有社会党。有许多社会主义党派都在以自己的方式进行出色的工作，但它们与其说是政党，不如说是宗派。它们每一派都至少有自己的小集团。在这些社会主义党派中，最大的、依靠许多现在已不再是它的成员的人的帮助在工人中传播科学社会主义方面可能比任何其他社会主义组织所做的工作都多的党，是社会民主联盟。紧随其后的是费边社。事实证明，费边社是这样一些中产阶级人士的好帮手，他们太诚实了，以致不满意目前的社会状况；他们太有教养了，以致不愿同救世军共命运；他们太优越了，以致不肯把自己同凡夫俗子相提并论。除了进行大量的讲座和公布一些有用的统计资料，费边分子在伦敦之外还做了更多的工作。在这些地方，他们不那么优越了，在团结社会主义者、热心帮助他们做组织工作方面出了不少力，但是他们没有清楚地看到同社会民主联盟一起工作的途径。其次就是布卢姆斯伯里社会主义协会，它除了进行出色的教育工作外，还光荣地在联合王国发起了五一节争取八小时工作日的游行示威。

此外，在伦敦和各个地方还有大量的社会主义团体。它们都是怀有善意的并且或多或少都做了一些有益的工作。的确，这些社会主义组织的成员人数都不是很多；它们的力量和影响与其说是在这些组织内部，不如说是在新的工人阶级运动和这个运动的总体趋势上得到反映。不过，社会主义教导——不管是有意识地还是无意识地进行的——对群众的影响有多么深刻，这大概可以从煤气工人和杂工联合会章程的序言中摘引的几句话中得到最好的说明。

"工联主义过去做了出色的工作。在工联主义中寄托着工人对未来的希望。正是工联主义清楚地认识到，今天只有两个阶级，即从事生产的工人阶级和拥有财产的老板阶级。这两个阶级的利益是彼此对立的。老板早就知道这种对立了；而工人正开始看到这种对立，于是成立工会来保护自己，尽可能多地争取获得他们的劳动产品。他们正开始认识到：**作为阶级**，他们的唯一希望就在自己身上，他们不可能指望从老板那里得到帮助；他们分则败，合则胜。"

这个工会的直接目标是：

"改善工会会员的物质条件；使他们从役畜变成人；使每个工人的家庭生活变得更加快活和幸福；把儿童从他们今天所过的那种艰难的、使人堕落的痛苦生活中解救出来；让所有的男人和妇女更加平等地分享人世间的哭和笑、悲哀和喜悦、劳动和安逸。重要的是，所有的会员都要理解这样做的必要性和本会的目标，要接受和忠实地执行本会章程。要记住：全体工人的利益是共同的；不管侵犯哪一部分劳工的利益都是侵犯整个工人阶级的利益，不管哪一部分劳工队伍的胜利或失败都是整个劳工队伍的胜利或失败，因为劳工队伍正是依靠它的组织和联合向着它的最终的目标即工人阶级的解放而坚定地、不可阻挡地前进的。"

旧工联主义和新工联主义

目前没有必要多谈旧工联及其巨大的权力和财产。旧工联过去做的出色的工作大概谁也不会忘记或否认。但一个无可争辩的事实是：许多年来，旧工联已不再是一支积极的战斗队伍；广大的劳工群众被旧工联完全排斥在组织之外。**限制**自己成员的人数在很大程度上正是旧工联的目标和任务，只是最近以来它们才认识到这种政策的自杀性质。新工联成立以后，旧工联才被迫参加新近的活动。它们现在开始承认，尽管过去取得了成就，但这并不等于说它们现在就没有义务作出新的努力。如果考虑到下面这个事实，那么甚至这种重新唤起的热情也是没有什么价值的。这个事实是：没有加入诸如工程师联合会、排字工人联合会、木工和细木工联合会、家具工联合会、锅炉修理工联合会、铅管工人联合会、石匠联合会、油漆匠联合会、泥水匠联合会等大组织的工人和加入这些团体的人几乎一样多。例如，工程师联合会在1889年的报告中说："仍然非常需要有新会员入会。这一点已被下述事实证明：每当和雇主争执不下的时候，常常可以发现有许多非工会会员随时准备填补我们的工作岗位，充当雇主的工具。在英格兰和苏格兰的一些大区，非工会会员占绝对多数，而工会会员则是例外。"工程师联合会在1890年的报告中说："有好几千符合条件的人还在我们联合会之外，他们本应该在联合会之内。"

报告中指出的一个引人关注而又可悲的情况是：这个所有联合会中最强大和最富有的联合会在1889年用于"疾病补助"、"丧葬补助"、"退休金补助"、"事故补助"等——简言之，用于补助——的钱就达105439英镑11先令10.5便士。相反，在实际的劳资纠纷中用于它们自己的工会和援助其他工人的钱则只花了1820英镑17先令8便士。1890年，补助费用为129103英镑4先令2便士，"斗争费用"为5688英镑11先令。比这些数字更有说服力的是这样一个事实，在这样一个拥有62895名会员的联合会中，对于是否赞成八小时工作日的问题，只有少数人投了票：

每日8小时 ⋯⋯⋯⋯⋯⋯⋯⋯⋯⋯⋯⋯⋯⋯⋯⋯	赞成者8149票
⋯⋯⋯⋯⋯⋯⋯⋯⋯⋯⋯⋯⋯⋯⋯⋯	反对者1290票
每周48小时 ⋯⋯⋯⋯⋯⋯⋯⋯⋯⋯⋯⋯⋯⋯⋯⋯	赞成者8007票
⋯⋯⋯⋯⋯⋯⋯⋯⋯⋯⋯⋯⋯⋯⋯⋯	反对者1118票
通过法律规定8小时，违者惩罚 ⋯⋯⋯⋯⋯⋯⋯⋯	赞成者3275票
⋯⋯⋯⋯⋯⋯⋯⋯⋯⋯⋯⋯⋯⋯⋯⋯	反对者4901票
通过工会的努力实现8小时 ⋯⋯⋯⋯⋯⋯⋯⋯⋯⋯	赞成者6546票
⋯⋯⋯⋯⋯⋯⋯⋯⋯⋯⋯⋯⋯⋯⋯⋯	反对者1251票

还有一个例子，目前伦敦的14000名排字工人中只有9100名工人是工会会员。如果说旧工联为自己和为本工会的熟练工人所做的事已经非常之少，那么它们为非熟练工人即"普通工人"和女工就什么也没有做。然而这些"非熟练"工人是"全体工人中人数最多、最重要和

最基本的部分"。

新工联

所谓的"非熟练工人"为自己所作的第一次成功的尝试（极不幸的是，"熟练工人"的工联从来没有认真地为自己作过这种尝试）发生在 1889 年 3 月。当时伦敦的煤气工人决定组织起来，并提出了任何其他团体还没有提出过的东西：以团体的名义要求实行八小时工作日。煤气工人并不是第一次试图成立联合会，他们以前在 1872 年和 1876 年就作过这种努力，尽管他们在一定程度上得到了有经验的和著名的"旧工联主义者"的支持，然而还是遭到了惨败。但是，1889 年，在许多杰出的社会主义者的值得铭记的帮助下，煤气工人获得了较大的成功。煤气工人联合会成立 3 个月后，就能在 7 月 27 日那天举行"盛大集会"来庆祝他们取得的比那些富裕的老联合会过去取得的胜利都要伟大的胜利，即煤气公司答应实行八小时工作日而不降低工资，在许多情况下实际上还要提高工资。这一胜利的消息就像燎原之火一样迅速传播开来。伦敦人的榜样在各地都有人仿效。各地都成立了联合会的分会。不久以后，那些人数众多的被称为"杂工"的工人向煤气工人联合会执委会提出申请，问他们是否也能成为会员。煤气工人联合会执委会经过考虑高兴地答应了这一请求。于是，煤气工人联合会变成"大不列颠和爱尔兰煤气工人和杂工全国联合会"。不仅如此，妇女入会的请求也受到热烈欢迎并得到满足。在这个联合会里，男人和妇女受到平等的对待；联合会允许妇女派代表参加年度会议，允许妇女在执委会担任工作。我们相信，能这样做的大工会在英国还是第一个。要介绍这个工会所做的工作，那会占去我们简短的报告的许多篇幅。尽管经历了许多痛苦的斗争和一些失败，它今天仍然是组织得最好的非熟练工人的工会。

加入这个工会的男工和女工属于 70 多个不同的工种。它为成千的男工争得了八小时工作日，为成千上万的其他工人提高了工资：每周提高 5—50%。

这些"非熟练"的男工和女工吸取了痛苦的教训，和社会主义者一起最先认识到政治行动和劳工立法的必要性。这个工会的目标之一就是"争取改善工人阶级生活的立法"。正像它承认工人需要自己管理自己一样，它始终坚持并认真地去着手建立全国联盟和国际联盟。建立**全国联盟**的工作有进展。可是，令人遗憾的是，其他"非熟练"工人联合会的自私自利和目光短浅的政策给这条道路带来了困难。目前有 8 个这种非熟练工人联合会结成了联盟，同时有十几个联合会属于"航运和陆运"联盟。这仅仅是开始。至于**国际联盟**方面，煤气工人和杂工联合会现在和 13 个或 14 个代表着 10 个不同国家的有组织的工人的协会或联合会建立了直接联系。在谈到国际联盟这个问题时，有必要简短提一下这个联合会在爱尔兰的工作情况。在爱尔兰，我们第一次开始有了完全不同于**民族运动**的**真正的工人阶级运动**。在爱尔兰，这个联合会至少有 25000 名会员；既有北部的会员，也有南部的会员。在爱尔兰北部，有史以来第一次举行了大规模的室内集会和室外游行，奥伦治派分子和天主教徒为了一个共同的目标在一起开会，为了一个共同的目的——组织劳工反对资本主义——而奋斗。在爱尔兰，像在英格兰一样，工人开始认识到他们的共同利益。英格兰的资本家再也不能利用被驱逐的爱尔兰农民来反对他们的英格兰兄弟了。"让爱尔兰自由，让它成为自由工人的爱尔兰。对爱尔兰的男人和女人来说，如果他们受到民族主义者或奥伦治派分子的剥削，那么爱尔兰的自由就与他们无关。农业劳动者把地主看做是他的敌人，正如工业工人把资本家看做是他的敌人。"这段话在都柏林菲尼克斯公园举行的群众集会上受到了最热烈的欢呼，在爱尔兰的北部和南部同样一直得到喝彩。今天，爱尔兰北部和南部的工人正互相伸出自己的手，正向英格兰、苏格兰和威尔士的弟兄们伸出自己的手。所有这些成就都是在不到两年的时间里取得的。

煤气工人和杂工联合会的工作不论现在还是过去都是重要的，它的工作取得的成就甚至超过了它在自己组织的成长方面取得的成就。

码头工人罢工

1889年的码头工人罢工现在已成为一个历史事件。但是毋庸置疑，这个非凡的运动是煤气工人联合会获得的胜利的直接结果。很多工人时而做码头工，时而做煤气工。既然煤气工人能够联合起来，为什么码头工人不可以联合起来呢？问题一经提出，答案就是肯定的。码头工人能够联合起来。是的，他们是无产阶级中最贫穷、最被人看不起、最没有希望的一部分。但他们能够证明，他们不是加在其他工人身上的负担。他们也能够站在一起，也能够为自己的权利而斗争。他们确实做了许多"熟练工人联合会"不能做的事。这里无须大谈特谈"大罢工"，我们只打算指出：（1）"大罢工"是煤气工人运动的直接结果；（2）"大罢工"反过来帮助无数其他工人组织起来了。

码头工人联合会并没有成为人们起初所希望的那种进步工会，这是事实，也是令人遗憾的。它没有帮助，反而是阻碍所有熟练工人联合会结成联盟。直到最近，它甚至反对**法定**八小时工作日运动；在1890年的"五一"游行中，它和"旧工联"而不是和"新工联"站在一起。但是，也许这与其说是码头工人联合会的错误，不如说是它的不幸。对它的错误要负责任的不是大多数会员，而是它的领导人。码头工人能够联合，能够组织，能够斗争，能够赢得意义重大的胜利，这些都是事实。随后发生的错误不能降低这些事实的重要意义。大致叙述一下大罢工后这个宏伟的运动的发展情况，恐怕要写一本书才行。这个运动不仅把20万至25万名无组织的工人组织起来了，而且还帮助唤醒了死气沉沉的旧工会。如果说在工人运动中没有"睡美人"，那么肯定有贪睡的伙伴。这样的例子很多，我们仅仅从中举出一两件来说一下。木工和细木工联合会20年来满足于做一个疾病补助和救济的团体，现在却仿效非熟练工人进行斗争，它正在认识到较短的工作时间毕竟是工会所能给予会员的最大好处。还有像装订工人联合会这种有贵族气派和保守的工会，它也提出了八小时工作日的要求，并几乎普遍赢得了八小时工作日。

如果说，从劳资斗争的经济方面来看，新工联主义今天代表工人中比较有战斗性的那一部分，那么它也代表那些相信可以利用政治机器为本阶级的利益服务的工人。在这方面，"旧工联"又一次正在逐渐接受"新工联"的教导。值得注意的是，尽管较老的和较保守的工联在1890年利物浦工联代表大会上力量比较强大，但在会上提出的70项决议案中，有44项决议案呼吁政府或市政当局进行"干预"。同其他地方一样，在利物浦，代表大会的议题就是法定八小时工作日。

八小时工作日运动

在大不列颠和爱尔兰，朝着真正实现八小时工作日的目标迈进的最初几步是由两类工人——非熟练的煤气工人和熟练的矿工——开始的。但是，煤气工人一开始就宣布赞成**普遍的**和**法定的**八小时工作日，而大部分矿工过去和现在都把兴趣主要放在他们自己关心的事情和他们自己的特殊的劳动问题上，他们自己甚至仍然还没有就八小时工作日问题取得一致意见。

在对工人阶级的鼓动中，八小时工作日问题曾经一度被人们列为一项主要的"要求"，尤其是被社会主义者和那些甚至在社会主义措施受到推崇以前就不怕公然提出同样主张的新工联。即使如此，直到1890年之前，八小时工作日问题也没有像现在这样引起人们的热烈议论。由于组织五一节游行的工作，这个问题就变得更加迫切了。

1890年的"五一"游行示威

像其他国家一样，英国"五一"游行示威的历史是值得注意的和令人感兴趣的。当然，这种游行示威的想法是在1889年巴黎罗什舒阿尔大街举行的国际代表大会上提出的。出席这次大会的两位代表认为自己有责任提醒英国工人注意由22个国家的代表签署的这一决议：

"在一个作为永久规定的日子里，组织**大规模的国际性游行示威**，以便在一切国家和一切城市，工人们都在同一天里向**执政当局**提出通过立法把工作日限制在8小时之内的要求。"①

结果，1890年1月，先是布卢姆斯伯里社会主义协会，一星期之后是煤气工人和杂工联合会，决定在海德公园举行游行，表示支持**法定**八小时工作日。

由上述每个团体的3名成员组成的联合委员会负责筹备这次游行。1890年3月16日，来自各工人阶级组织的75名代表召开了会议，作出了"为八小时工作日而游行示威"的正式决议。在随后举行的一次出席人数更多的代表会议上，如今已具有历史意义的"中央委员会"得以任命。中央委员会做了大量的工作。由于最大的社会主义组织——社会民主联盟——反对游行示威，由于所有的旧工联和甚至极少几个新工联（它们愿意用旧方法，即通过工联联合的手段来要求实行"八小时

---

① 参见本书第14卷第218—219页，引文与原决议略有出入。——编者注

工作日")对实行**法定**八小时工作日的要求持极端敌视的态度，中央委员会的工作更加困难重重。

首先，法定八小时工作日游行示威的想法是新提出来的。英国工人像细木工史纳格①一样记性不好，把游行示威的想法变成大家的想法，需要花一些时间和做一些工作。工联伦敦理事会原来也完全不愿意搞游行示威，但它最后发现，举行大规模的游行示威无论如何是可能的，于是就决定举行游行示威；但它拒绝和中央委员会一起搞游行示威，并坚持要删去"法定的"一词。值得记载下来的是，今年——1891年——出现的许多最热烈地赞成"法定的"一词的游行示威者，在1890年时曾更为激烈地反对任何这样的政治行动。1890年4月23日，在工联理事会于纪念厅召开的会议上，一位著名的"领袖"曾郑重地宣布，英国工人尚未"成熟"到能够实行八小时工作日的程度。在同一场合，另一位"领袖"同样强烈地反对八小时工作日的"法定的"方面。我们必须公正地补充说明一下：12个月之后，这两位先生转变了自己的立场，以常见的热心精神为争取"法定的"八小时工作日的游行示威而大声疾呼。他们发现，并不是工人，而是他们自己尚未"成熟"到采取政治行动的程度。

1890年的五一劳动节

像在大多数其他国家一样，在英国，我们原来打算于5月1日举行游行示威。但是后来发现这是完全行不通的。于是，争取法定的八小时工作日的游行示威便定于5月4日——即5月的第一个星期日——举行。工联理事会在同一天和同一地点组织了他们争取非法定的八小时工

---

① 莎士比亚的戏剧《仲夏夜之梦》中的人物。——译者注

作日①的游行示威。这两种游行示威都举行得很成功,但是前一种游行示威,就其众多的参加者和出色的组织工作方面来说,有许多值得工联理事会学习的地方。正如我们说过的那样,工联理事会到海德公园去只是为了谴责政治行动和夸耀他们所作的努力胜过立法的方法。

在1890年9月的工联利物浦代表大会上,第一个好迹象是专门就八小时工作日问题进行的讨论和表决。在这次大会上,主张法定八小时工作日的决议以193票对155票获得通过,而这项决议在12个月以前(在邓迪代表大会上)曾以63票对88票被否决。

在再次组织次年的五一劳动节成为了一种必要时,这种表决的现实意义才完全显示出来。1891年,我们已不再分成组织两种不同的示威游行的中央委员会和工联理事会了,而是有一个10人委员会,其中5人代表争取法定八小时工作日示威游行委员会,5人代表工联理事会。星期日,即5月3日,浩浩荡荡的游行群众——至少有25万人——涌向海德公园。他们来自四面八方,走了一英里又一英里,高呼"**法定八小时工作日**"的口号。同一天,爱尔兰最大的工人示威游行是在都柏林的菲尼克斯公园举行的。虽然不能说大不列颠和爱尔兰的运动像大陆国家那样普遍,但我们至少可以指出,1891年5月3日举行游行示威的各地方城镇比1890年5月4日举行游行示威的地方城镇的数量要多得多;并且,我们可以断言,明年五一劳动节集会的人数将再次增加,其意义将更为重大。英国的五一劳动节庆祝获得了巨大的成功。说句公道话,这应归功于布卢姆斯伯里社会主义协会,因为它发起了这个庆祝活动;应归功于煤气工人和杂工联合会,因为如果没有它这个庆祝活动就不可能得以举行,因为它再次走在其他旧工联和新工联的前面;最后,就

---

① 即如上所说的通过工联联合的手段与雇主进行集体谈判来实现八小时工作日,而不是通过国家立法。——编者注

1891年的示威游行而言，也应归功于争取法定八小时工作日和国际劳工同盟。

争取法定八小时工作日和国际劳工同盟

这个同盟是第一次五一劳动节游行示威的直接产物。人们有这样一种感觉，即中央委员会虽然做了许多事情，不仅使游行示威取得了成功，而且还促使不愿举行游行示威的工联理事会行动起来了，但它仍有更重要的工作要做，也就是说，争取法定八小时工作日运动必须在工人面前不断坚持下去。于是，所有帮助组织过1890年游行示威的人召开了一次代表会议。这次会议决定：（1）应成立一个常设组织；（2）该组织的目标是争取实现法定八小时工作日，争取使尚未在英国的成文法中得到体现的1889年巴黎代表大会的有关决议成为法律；（3）成立一个独具一格的、以巴黎代表大会决议为最低纲领的工党。会议还决定，应努力同组织起来的工人团体建立联系，优先吸收它们加入同盟，而不是努力吸收单个工人加入同盟。像大多数新成立的有活力的组织一样，争取法定八小时工作日和国际劳工同盟尽管一无所有，但不乏朝气。到目前为止，这个同盟除了对1891年海德公园游行示威的成功作出了重大的贡献外，还向无数集会派出了演说者。在它存在的不长的时间里，它吸收了30—40个组织起来的工人团体，此外，还吸收了大批个人成员。同盟自然是承认工人阶级运动的国际性的，同盟的代表出席了加来工会代表大会、里尔社会主义者代表大会和去年10月的哈雷代表大会（德国社会民主党）。

我们到目前为止谈到的几乎完全是城镇工人的组织。这些组织大多是男工的组织。还有另两种工人必须谈一谈，哪怕是顺便谈一下也好。不幸的是，这两种工人几乎都没有组织。他们是：（1）农业工人；（2）女工。

农业工人

一个令人遗憾和我们必须注意的事实是，英国农业工人今天的组织情况还不如前些年。人们最近曾多次试图把这些工人组织起来，但都明显地失败了。努力尝试的理由和最近这些尝试失败的理由都是同样清楚的。对英国城镇工人来说，特别是对非熟练的城镇工人大军来说，农业工人是对他们的最大威胁。正像英国资本家利用被爱尔兰地主驱逐的农民来对付英国工业工人一样，英国雇主一旦和他的雇工发生纠纷，其第一个手段就是利用农业工人。煤气工人、码头工人、无数的"非熟练"工人都清楚地懂得这一点。因此，帮助教育和组织农业工人，这是城镇工人自卫的问题。

但是，这些农业工人是难以组织的。首先，他们对城里人有一种奇怪的怀疑。其次，他们的生活苦不堪言。20年前描写这些农业工人的贫困状况的每一个字今天都更加真实，因为这种贫困状况大大加剧了。除了贫穷外，他们愚昧、孤立、极度依赖牧师和地主。但是，形势在一天天变得有希望。即使是这些农业工人也越来越意识到需要保护自己和反对他们的剥削者。他们一天天领悟到——在这里资本家又一次帮助为自己挖掘坟墓——自己和城镇工人是患难与共的兄弟。在我们写这份报告的时候，我们听说在这些男女农业工人中掀起了一场新的大有前途的运动。鼓动工作刚开始不久，还无从得知它取得了怎样的成果，但是至少可以说，在一个郡，8周内就有2000名农业工人加入了工会。

女 工

如果说农业工人难以组织，那么在城镇，特别是在伦敦女工更难以组织，也许是最难以组织。原因很简单：甚至大多数男工都仍然把操持家务的妇女看做是家畜，看做多少是他个人的一点财产。妇女挣得的钱通常被看做是对家庭总收入的一点点补充，而不被看做根据实际所做的工作而付给独立工人的工资。妇女陷入了最悲惨、最绝望和最依赖别人的地步：即使是从事比较熟练的工种的妇女，所挣的工资也普遍难以维持温饱；除了为雇主长时间地劳动外，还要为监管她们的工头做"家务事"；寡妇，或者是带着不能脱身的小孩的未婚母亲，或者是孤独的独身妇女，在多数男人们停工以后还要苦干很久，在这种情况下，即使她愿意，她能有多少时间去参加会议或组织呢？但是近年来，事实的无情逻辑也教育了女工，正像它教育了非熟练的男工一样，迫使她们认识到自己的真正地位。首先，男工开始看到，在女工不是与男工**一起**工作的地方，雇主利用女工来**对付**男工，因此，男工即使出于自我保护的最简单的动机，也必须尽量帮助女工和他一道进行反对他们共同的敌人和剥削者的斗争。在这里，工人运动的蓬勃复兴所产生的影响（间接说，是煤气工人争得八小时工作日的胜利的结果；直接说，是码头工人胜利的结果）是引人注目的。近两年来，几百名妇女被组织起来了。我们已经说过，在煤气工人和杂工联合会里，男女是平等的。不用说，在一切社会主义组织中也都是如此。承认把女工普遍组织起来（特别是由男工来组织她们）的必要性，这是最近两年进行鼓动的结果；而这种鼓动，正如我们说过的那样，则是社会主义宣传的结果。

当然，我们不是说，以前就没有做过把妇女组织起来的尝试。布赖恩特和梅氏火柴工厂的女工们举行的令人钦佩的罢工，许多著名的妇女为把她们的工人姐妹组织起来而作的努力，这些都是任何一个对英国工人阶级运动有一点了解的人不会忘记的。但是，这些成果与所付出的努力相比，往往小得令人失望。

需要补充一点，在北部的许多工厂城镇，妇女组织得像男人一样好。但不是所有的城镇都这样。例如，在曼宁汉的那些大工厂里，妇女就完全被忽视了。直到男人同"老板"展开生死搏斗时，才发现忽视妇女是一个错误。错误一旦被认识到了，就变成好事。这样，资本家处处都不自觉地搬起石头砸自己的脚。

联　盟

熟练工人和非熟练工人，不管是男工还是女工，都开始认识到他们的事业是共同的。有了这种认识，他们就进一步懂得了全国的和国际的联盟的必要性。正如上面指出过的那样，在某些非熟练工人联合会中不幸存在的妒忌，更准确地说，在这些联合会（不是熟练工人联合会）领袖们中存在的妒忌，阻碍了全面的联盟。人们曾经作过一次建立联盟的尝试，但是由于这个联合会拒绝让另一个联合会加入联盟，由于有人想要把联盟仅仅限制在某种行业联合会的某些分支的范围内，这次尝试失败了。但是，这种错误做法就像"停止发展"新会员的错误一样，终于引起了人们的注意。不管个人的意见如何，工人群众还是倾向于建立一切工人的、全国的和国际的联盟。

资本家同盟

资本家通过他们的团结和成立资本家同盟的努力，又一次帮了工人们的忙。近几个月来，传来了许多关于航运资本家同盟的消息，这个同盟公开宣称其成立的目的是，同所有工联，特别是同海员和司炉工联合会作斗争。老板的同盟和工联的联盟之间的斗争日益尖锐。联合已经有了值得称道的结果。看来似乎遥远的工人联合现在已经近在眼前了。雇主们表明，尽管有各种竞争，资本家的利益是共同的。同样，工人正在懂得，熟练工人和非熟练工人的利益也是共同的。

那些清楚把英国工联彼此隔绝开来的那条明显的界限的人，那些尤其清楚"熟练"工人是怎样像雇主看不起他自己一样看不起"非熟练"工人兄弟的人，都能懂得，这几乎意味着英国工人阶级在总体看法上的一场革命。

罢 工

资本家同盟和工人联盟的问题自然会产生罢工和闭厂的问题。近两年来发生了比前几年多得多的罢工和闭厂事件。只要一提到这些劳工斗争的历史，我们就有说不完的话。这里我们仅举出一两个事实。有一个事实肯定给工人留下了深刻的印象，这就是：如果一场罢工不能迅速取胜，那它就没有多少成功的希望。的确，码头工人的罢工是一次旷日持久的罢工，并以胜利告终。但这次罢工是在相当特殊的条件下进行的。首先，必须记住，这次罢工实际上不是在英国而是在澳大利亚获得胜利的。从澳大利亚汇来的3万英镑捐款保证了这场罢工的胜利。英国工人和其他工人普遍的冷漠态度，则使煤气工人联合会的罢工遭到了失败。可是，获胜的罢工并不总是有得无失，不成功的必要罢工并不总是一无所获。有时，人们错误地套用桂冠诗人的诗①说："与其根本不作斗争，不如斗争而失败。"其实，有时拒绝卷入毫无希望的斗争，需要更多的智慧和更大的勇气。罢工问题还有另外一面，我们要唤起大家对它的注意。1889年大罢工以后，当码头工人成了世界奇迹的创造者的时候，罢工也成了名副其实的流行病。工人满脑袋装的都是这样一种想法：只有罢工才能解决社会问题；工人为了获得所要的一切，就只有参加工联和进行罢工。南部大城市工人罢工、苏格兰铁路工人罢工和许多其他罢

---

① 坦尼森的诗句："与其终身不爱，不如爱而失败。"——译者注

工虽然失败了，但实际上赢得的要比失去的多，因为这使工人认识到，单是工联的努力起不了多大作用，工人的经济自由只有通过他们自己掌握政权，并利用这个政权来为本阶级的利益服务才能实现。成功的罢工和不成功的罢工，如码头工人和南部大城市煤气工人的罢工，公共汽车驾驶员的罢工，海员和司炉工的罢工，船夫的罢工和鼓风炉工人的罢工，总之，近两年来数百次大大小小的罢工，都得出了这样一个教训：仅凭工联主义和罢工不能解放工人阶级。

英国的自由

罢工和劳工斗争问题还把我们引到另一个问题。在大陆——近来在英国——有这样一种想法，认为英国的工人现在幸运地摆脱了警察干涉和暴政。最近的事件清楚地证明情况并非如此。举一个例子，在普利茅斯，属于煤气工人联合会、码头工人联合会、布里斯托尔和西英格兰的劳工联合会、一切"非熟练"工人联合会的人，都因进行"恐吓"活动而受到控诉和判罪（他们的上诉现在还没有得到裁决），而他们的全部罪行是命令本联合会会员"停止工作"。为首的**恐吓者**说，"我们没有使用暴力，没有使用过激的语言，但是工人都平静地放下工作回家去了"。工联伦敦理事会接手了这一极其重要的案件，案件将在最高法院得到最终裁决。理事会书记说："如果这种合法的恐吓使劳动人民被判刑和受到监禁苦役的处罚，那么，好，我们将永远记住这一点。"①

---

① 正当这个报告付印时，法院已就普利茅斯案件作出判决，工人胜诉。普利茅斯市法院法官邦帕先生的令人震惊的裁决得到由英国首席法官和其他4位法官组成的法庭的一致通过。即使从法律的观点来看，号召联合会会员停止为某个特定的老板或公司工作并不是恐吓。这一判决结果是工人的伟大胜利，对于工人阶级运动有着不可估量的重要意义。

的确，在最近发生的一切罢工中，警察不仅不适当地进行干涉，而且还竭力挑起骚乱，政府毫不犹豫地出动了军队。在利兹，煤气工人和杂工联合会赢得罢工的胜利，完全是靠斗争。他们不仅和警察斗争，而且还和调到城里来"维持秩序"的400名士兵斗争。有一次，当局根据贝克顿的煤气工人打算罢工的谣传（顺便说一句，纯系捏造），"就向查塔姆下达了派3营军队随时待命向贝克顿进军的命令……内务部和国防部也确信形势是危险的……查塔姆的卫戍司令报告说：他可以出动大约1000名官兵……这些官兵……在接受检阅……他们每人的子弹盒里备有20发子弹……他们正整装待发"。至于说到海员和司炉工联合会的斗争，值得注意的是，这个联合会的书记因"恐吓"罪被判了6个星期的监禁，雇主同盟和工联之间的斗争正愈演愈烈。

劳工代表

新工联主义和活跃的工人阶级运动的最显著的特点，大概是它们极为重视在各公共团体中的劳工代表。这种代表的必要性过去在一定程度上得到了人们的承认，甚至得到那些尚未受到社会主义思想影响的工人组织的承认。但是，只有英国北部和西部的少数大工联（主要是矿工联合会）贯彻了这一思想。在工人阶级看来，其结果并不尽如人意，因为在下院的那些所谓劳工代表，除了两三个人以外，都是两大政党之一的追随者。但是，大不列颠，甚至爱尔兰的工人终究开始认识到，要使他们的愿望得到实现，他们的代表必须把劳工的利益置于党派的利益之上。所以，新运动要求当选为议员的人，如有必要，必须保证同两个政党作斗争，以使劳工的要求不被忽视。在这方面，伦敦和各个地方都在积极做工作。在伦敦，我们至少在6个选区推举了劳工候选人。他们的竞选纲领介于革命社会民主主义纲领和费边社会主义激进派纲领之间。

在各个地方同样开展了劳工代表竞选活动。在下次大选中可能有不少劳工候选人当选。

我们的外国朋友大概意识不到，在联合王国，由于一切选举都缺乏民主基础，工人阶级要想保证那些履行自己纲领的人当选多么困难。巨额的竞选费用，国家不支付这些费用，会员不缴纳这些费用，没有第二次投票，选举权和户籍法的一系列复杂条件，这些对于工人阶级的代表当选来说，是几乎无法逾越的困难。但是，最大的困难是上面已经提到过的缺少一个全国性的工人阶级政党。人们希望至少有一些工人阶级的候选人会在下次选举中被选入下院，这将有助于成立一个具有明确的行动纲领的全国性的工人阶级政党。

由于上面提到的困难，新运动的政治活动便沿着一条同推举劳工候选人竞选的路线稍稍不同的路线前进。在选举期间，在任何一个选区，当我们发现劳工候选人不可能当选的时候，便在选民面前给其他党派的候选人施加压力，以致一个候选人能否当选在很大程度上要看他是否接受劳工竞选纲领中的某些条文而定。这种做法不仅适用于英格兰和苏格兰，而且也适用于爱尔兰。在爱尔兰，无论帕涅尔派还是反帕涅尔派，今天都想争取得到劳工的选票。

不过，新运动在有关劳工代表问题上所做的最重要的工作体现在地方选举和市政选举中。教区委员会（不久就要被更民主的机构取代）、济贫法监护人委员会、郡议会以及一切与人民关系最密切的行政机构，都被看做是未来公社的中央机构。工人正在认识到，这些机构必须拥有那些现在还被私人资本家控制着的专属权力。为了达到这个目的，劳工代表正在努力争取被选进市政代表机构，正像他们努力争取被选进议会一样。在许多地方城镇，劳工代表被选入教育委员会、镇议会等，结果往往使选民们感到非常满意。

在伦敦，这样的工作也在迅速进行。在巴特西郡，一位社会民主党人通过劳工联盟当选为郡议会议员并获得连任。他在其他赞成他的观点的议员的帮助下，得以在郡议会促进了劳工事业。因此，该郡议会拒绝把工程或工作承包给雇主未经订约人而直接雇用的工人。那些不支付公认的标准工资的雇主，或那些不遵守与承包合同有关的工会规定的劳动条件的雇主，得不到郡议会的任何承包合同。郡议会也同意按在各种行业中被认为是"合理的"工资标准付工资给自己的雇员。

这是几年前在公共机构通行的旧制度的一个显著的进步——那时，公共机构雇用的工人的工资往往低于私人资本家支付的工资。其他有劳工代表当选的公共机构仿效了伦敦郡议会的榜样。劳工代表的首要目标，是尽可能地扩大市政机构的权力和活动范围。在这一点上，市政机构在许多情况下得到这样一些人的支持，他们不能被当做劳工代表，但他们希望市政机构拥有自己的有轨电车、煤气、水和电力照明设施，希望市政机构兴建和维修工人住宅，希望市政机构在其他方面承担起至今仍由私人垄断的企业经营的职能。这方面的活动是社会主义者灌输到工人头脑中的思想获得进步的最令人满意的标志之一。

柏林会议

1890年在柏林召开了欧洲各国政府代表关于劳工立法的会议，目的是要为劳工立法取得国际基础。这个会议是工人阶级运动史上近几年来发生的最重要的事件之一。但是，柏林会议的重要性只在于它是劳工运动向各国政府施加压力的标志。就此而言，人们不应忘记德皇在他的著名"诏书"中提到了1889年国际代表大会的讨论情况。就联合王国来说，除了工厂法外（在下院通过的该法案的原则性条款受到提出这一法案的政府的反对），这次柏林会议毫无成果。该条款试图用与欧洲其他大多数国家（这些国家在童工问题上远远走在我国前面）相同的法律来取代联合王国有关童工的法律。英国政府代表对待关于参加柏林会议的国家禁止12岁以下的儿童从事劳动的建议的态度，暴露了英国政府的虚伪，因为英国政府反而将半工半读的学生的年龄提高到了11岁。在欧洲其他国家，这种法律已经失效，它们正根据柏林会议的建议行事。联合王国至今还在夸耀它完善的劳动保护法。它将很快发现自己落在大陆最反动国家的后面。

劳工委员会

政府成立了关于劳工问题的皇家委员会，这是新运动对中上层阶级产生重大影响的另一个证明。当政府第一次提出要成立皇家劳工委员会时，许多人还以为政府是出于想获得关于工人阶级状况的准确情报的真诚愿望，以为政府会准备——如果必要的话——采取改善工人阶级状况的措施。但是，当这个委员会的组成人员公布的时候，那些一时受骗的人完全觉醒了。原以为劳工代表在劳工委员会中至少要占一半名额，但是，"蠢人的党"① 再也没有迪斯累里给予它灵感了，它让一次重要的机会从手指缝中溜走了。与人们所希望的代表比例大致合理的劳工委员会相反，在这个皇家劳工委员会里有6名劳工代表，21名资本利益的代表。"劳工代表"人选的确定更增加了人们对皇家劳工委员会这个机构的不满。只有一个提倡普遍的、法定的八小时工作日的人被请到皇家劳工委员会效劳。在皇家劳工委员会里，有一两个人赞成八小时工作日，但认为只能通过立法的途径**给那些从事特殊工种的工人，**

---

① 指英国保守党。英国著名哲学家和经济学家约翰·穆勒在1866年与保守党议员辩论时有一句名言：我不是说保守党人通常是蠢人，我的意思是蠢人通常是保守党人。——编者注

如矿工、铁路工人等规定八小时工作日。除了这一两个人之外,皇家劳工委员会的所有劳工代表都**反对**通过法律规定限制成年人的劳动。无须再作进一步的说明,这些已经足以表明,任命劳工委员会的政府只是把劳工委员会当做竞选花招,以便在即将到来的选举中赢得工人的信任。政府正在把劳工委员会当做把诸如八小时工作日和其他同样重要的问题搁置起来的托词,而这些问题已由新运动提到了首要地位,现在亟须解决。

国际主义

最后,谈一下在联合王国工人阶级运动在**国际方面**的巨大进步。我们只需提一提下面这些事实就够了:矿工代表大会;海员和司炉工为同国外同伴建立直接联系而作出的努力;最近几个月中一个国家的工人对另一个国家的工人所给予的财政帮助,如诺丁汉(英国)的花边工人帮助加来(法国)的花边工人,加来的工人帮助曼宁汉的工人,英国工人帮助里昂的吹玻璃工人,奥地利工人帮助英国制砖工人;煤气工人和杂工联合会提出的"在凡是法律允许委派书记的国家,委派应同其他国际书记建立联系的书记"的建议,在德国、匈牙利和奥地利,委派这种书记是不可能的。但是,国际通讯已经由那些愿意做并且有条件做的人着手进行了。

结束语

总而言之,近两年在大不列颠和爱尔兰所做的工作与其他国家所做的工作相比可能是微不足道的。我们只是在下院有一个社会主义者,在伦敦郡议会有一个社会主义者。但是在有些地方城镇,像在伦敦一样，工人阶级的代表参加了地方委员会、镇议事会、教区委员会等。我们既不能和德国社会民主党相比，因为它拥有150万张选票和35名议员；也不能和法国工人党相比。我们也承认，我们不像从丹麦到匈牙利、从瑞典到西班牙的欧洲工人那样拥有工人阶级的报刊，即那种属于一个明确地建立起来的工人阶级的政党的机关报。我们的报纸是私人的财产，多少是作为一种投机事业来经营的。虽然我们的报纸有时起过好作用，然而它们是不能信赖的。它们虽然提供非常有价值的情报，但无疑绝对没有提供理论教导。至于像社会民主联盟的机关报《正义报》那样的报纸，它具有宗派性质，不能打动工人群众的心。

但是，在英国终究有真正的工人阶级运动。它的成功自1889年以来就预示着一个不同于其他一切政党的工党的形成。首先，阶级觉悟和对阶级斗争的理解有了出乎意料的提高和增强；其次，随着这种觉悟和理解的提高和增强，对全世界劳工的团结的理解也有了出乎意料的提高和增强。每个国家都有并且必须有它自己独特的工作方式和方法。但不管它们是些什么样的方式和方法，目的在全世界都是共同的：解放工人阶级，消除一切阶级统治。

工人阶级运动的国际团结万岁！

煤气工人和杂工联合会
争取法定的八小时工作日和
 国际劳工同盟
布卢姆斯伯里社会主义协会
巴特西劳工联盟

奥地利社会民主党的报告

在国际工人巴黎代表大会召开之前几个月，即1889年初，奥地利工人党在海恩费尔德党代表大会上重新宣告成立。在经过几年停止不前，甚至是倒退的状态之后，党重新振作起来了；具有社会主义思想的工人阶级内部的分裂状态已告结束，代之而起的是一个有明确的、规定得清清楚楚的原则和经过深思熟虑的劳动纲领的，牢固的、统一的组织。在一个政治上落后、实行专制制度的国家里，放弃一切政治活动并把全部希望都寄托在因外部压力而陷入绝望的人民的不满情绪的爆发上，这种非常容易理解的、明显的错误已被克服。工人阶级中一切有阶级觉悟的分子都在由卡尔·马克思奠定了理论基础的社会民主主义原则的基础上团结起来了。一个知道自己的革命的最终目的是使全体劳动人民共同占有劳动资料，是完成一个必然的历史发展过程（而只有有阶级觉悟的无产阶级本身才能成为这一历史发展过程的承担者）的政党，正如我们的海恩费尔德纲领所宣布的那样，必须把"在政治上将无产阶级组织起来，使它意识到自己的地位和使命，在精神上和物质上使它做好并保持战斗的准备"当做自己的任务。

除了进行真正的、有原则的社会民主主义宣传之外，还必须进行争取实现由无产阶级掌握政权的斗争，进行争取改善当前的生活条件的斗争。这三者是不可分割地互相联结在一起的。在所有这三个方面，奥地利社会民主党所遇到的困难，无疑比在任何一个欧洲国家中遇到的困难都大。我们还根本不想谈民族方面的差异，这种差异还只是造成技术上的困难，而这种困难已在很大程度上被克服，结果是：今天在奥地利只有一个社会民主党，它把操德语、捷克语、波兰语、意大利语和斯拉夫语的有阶级觉悟的无产者像兄弟一样地团结在一起。和奥地利的资产阶级政治息息相关的民族沙文主义从来没有妨碍过我们党，我们党始终是名副其实的国际党。

在经济发展的不同阶段上出现的困难更为艰巨。除了那些以最现代化的大资本主义生产方式进行生产的大的领域里存在的剥削之外，我们还看到，有的地方封建主义还能采用家长制的剥削方法，有的地方还处在半自给自足状态下的农民刚刚开始受到资本主义的压迫。奥地利的政治情况也与此一致。除了按照自由主义样式剪裁的资产阶级宪法这个因素之外，还严重地存在着大量封建主义残余，以致奥地利在政治上不能被认为是一个现代化的欧洲国家。

封建贵族和资产阶级这两个统治阶级为了保护它们的阶级利益不受日益觉醒的无产阶级的威胁，不仅使用了现代自由主义这个武器，而且还动用了警察国家武库中的全部武器，例如，几百年来教会的统治套在人民身上的锁链。宣传和组织的一切手段——结社权、集会权、言论自由、联合的权利——都受到极大限制，而且还被赋予了模棱两可的形式，以致为剥削阶级效劳的行政当局很容易直接把它们从解放的手段变成奴役的工具。对这些问题逐一进行深入研究毫无价值，因为要向一个外国人说明警察的骗人花招是不可能的，正如我们不可能说清"奥地利式的自由"这句名言实际上意味着什么一样。此外，我们在奥地利还缺少选举权这个最重要的鼓动手段，这个衡量自己力量的最宝贵的标准。在奥地利只有缴纳5弗罗林直接税的人才有选举权，因此真正的雇佣劳动者是享受不到这个权利的。所以，在社会民主党的纲领中还必须提出在其他国家中作为不言而喻的、习以为常的社会生活条件早已实现了的要求。

对于工人运动来说，1883 至 1886 年间政府的摇摆不定的政策是残酷的、嗜血的政策。几次无政府主义的暴力行动，以及后来发生的几次幼稚的"爆炸事件"（那些没有造成什么伤害的肇事者们显然是受特务愚弄的天真的牺牲品）等等成了当局的借口，它没有遇到多大的反抗就使议会批准了两个戒严令，其中之一规定，一切"无政府主义的不法行为"都将提交特别法庭审判，而不再交给由法官和陪审人员组成的法庭审理。另一个戒严令规定，暂时停止维也纳和下奥地利工业区的一切政治权利，特别是允许采取不经法官判决，单凭警察局的一纸命令就可以实行驱逐的措施。在维也纳这个工人运动的巨大中心，根据政府的这道命令，我们的组织便被一举摧毁了。成百的工人被驱逐出境，工会被解散，或被迫自动暂时停止活动。在另一个大工业中心波希米亚也发生了一模一样的情况，而且在那里当局甚至还用不着"合法的"这块遮羞布。在那里成百的工人被逮捕（他们的全部罪行往往只是订阅了一份公开发行的工人报纸）并被押往布拉格，以便在布拉格经过几个月的待审拘留之后把他们交付法庭审判，而法庭尽管从据说在奥地利存在着一个遍及全国的社会主义秘密同盟这一至今还被当做把柄的捕风捉影的虚构出发，但它往往还是不能给工人定罪。不过当局却不时开庭审理"无政府主义者案件"，而这些案件的罪魁祸首们通常都能及时逃之夭夭，可是那些被他们出卖的可怜的、被引上歧途的、轻信的"同谋犯"却不得不锒铛入狱，坐上 8 年、10 年、12 年甚至 20 年的牢。这些不幸的人大多数完全是按照为无产阶级事业做点好事的善良愿望行事的，但他们多半已在监狱里死于坏血病和结核病。还有一些人试图用无政府主义的方式来传播煽动性的传单，他们也因为这种行为被送上了冷冰冰的断头台。

不言而喻，从占据统治地位的政党那里是丝毫也得不到什么帮助的。至于说到奥地利的对内政策，那么这里有三个因素——上层贵族、教会和资产阶级——在进行斗争，争夺具有绝对权威的皇帝所施舍的一点权力的残余。与此同时，民族纠纷被人当做幌子来利用。由于出现了一些临时性的结盟，形势就变得更加模糊不清了。农民阶级在政治上是教权派的尾巴。小资产阶级在沦为无产阶级的道路上正处在这样一个阶段：它看见了自己面前的深渊，却企图从过去中寻找获救的办法。它是反动的，任何一句反动口号它都会毫无主见地欣然接受。

所有这三类人都装出一副"工人之友"的样子，然而他们对工人，特别是工人组织提出的一切要求都采取敌视的态度。他们彼此之间虽然尔虞我诈，钩心斗角，但是在对付无产阶级方面事实上只构成"反动的一帮"。因此，奥地利社会民主党人在争取政治权利的斗争中过去和现在都只能依靠自己本身。甚至对奥地利自由资产阶级来说，政治自由也早已不再是他们纲领中的重要条款了。

在这种情况下，宣传我们党新确定的纲领以及重建工人阶级的组织并使其壮大的双重任务便成为一个重大的任务，我们可以怀着愉快而自豪的心情说，在这方面我们已经取得了重大的成就。

在此，我们想一开始就谈政治部分，并只用三言两语简单谈谈我们所取得的进步。首先，我们通过最广泛的宣传使居民不仅了解了我们的原则，而且也了解了我们的策略，从而证明了戒严令是荒谬的。两个戒严令都不起作用了，因为它们成了大家的笑柄。过去对秘密同盟进行的数不清的审判已失去任何依据。现在在许多家报纸上，在无数次集会上公开阐明自己纲领的人，再也不能被当做秘密同盟的会员来定罪了。但所有这些成就的取得都付出了大量的牺牲。当1889年6月著名的电车工人大罢工使维也纳居民群情激昂时，当社会民主党人懂得把电车公司的职工组织起来，并不顾当局、警察的干涉，大声疾呼唤起群众对他们的同情和帮助他们取得重大胜利时，党在维也纳的机关报《平等报》被当做"无政府主义的"报纸而受到了压迫，该报编辑被当做"无政府主义者"起诉,并被监禁。在波希米亚、施泰尔马克、的里雅斯特、加利西亚,情况也是如此;在那些地方,只要你敢动一动,马上就会惹出一场祸事来。但是尽管如此,运动还是没有停止。当局终于无可奈何地表示听天由命,并承认社会民主党在奥地利同样作为一个政治因素存在着,承认这是一个不可改变的事实。

我们在报刊的发展方面所取得的进步最为明显。我们的报刊除了受到书报检查制度的限制而外,还被禁止沿街零售。传播方面的困难超过了编辑方面的困难。在这种情况下,下面这些数字是很有价值的。1889年初,我们出版了6种政治报刊(月刊和半月刊),其中有2种是用捷克文出版的,1种是用波兰文出版的。这6种报刊总共有15400名购买者。到1891年6月底,也就是说,两年半以后,在维也纳举行党代表大会时,我们已经出版了16种报纸,其中有7种德文、5种捷克文、2种波兰文、1种意大利文、1种斯拉夫文报纸,总共有56000名购买者。此外,还要加上一些"行业报纸",它们虽然是为个别行业办的,但完全是站在社会民主党的立场上的。这类报纸从4种增加到了19种(6种是捷克文的)。这些报纸的订阅者也从6000人增加到了44000人。总计起来,今天奥地利社会民主党刊物的发行量已达到128000份,而1889年只有22000份,因此在两年半中它们的发行量增加了5倍。

说明我们党的发展的另一个证据是,我们利用今年3月举行的帝国议会选举进行了卓有成效的宣传。正如我们已经指出的那样,在奥地利选举权是受财产资格限制的;因此,从一开始我们就根本没有指望获得议席。但是我们抓住机会在无数次选民大会上说明社会民主党的纲领,散发数以百万计的用我国各民族语言印刷的选举传单,有时可以说甚至作为不速之客把我们的名片送到资产阶级政党那里去。这些活动获得了极大的成功。这不仅从社会民主党人获得了将近6000张选票的事实,而且从我们的宣传在那些平常和我们非常疏远的人群中所产生的影响和我们党的同志都增强了自信心的事实中体现出来。这样一来，我们也就在坚决地反对我国反动的选举制度的同时，把争取普遍的、平等的、直接的选举权的任务提上了日程，我们今后将再也不会让这项任务从我们的日程上消失了。

现在我们离开真正的政治领域转到结社制度。奥地利法律把政治性的和非政治性的团体严格区别开来。政治性团体不能同别的团体发生联系，它的会员必须向当局登记，等等，而警察局就利用这种事实上根本不可能作出公断的区别来取缔那些它们感到讨厌的组织。撇开少数几个成立不久的政治团体不谈，工人阶级建立的组织都是非政治性组织，它们本身同社会民主党根本毫不相干，它们的创始人、领导人和成员只是偶然加入社会民主党的。这些组织是行业团体，或者（这在我们那里完全是一回事）叫做工会、教育协会和读书协会。据不完全的统计，1888年底这类协会的数目达到104个，1891年中达到230个；在同一期间，会员的人数从15600人增加到48000人。在这里值得注意的是，我们的工会组织现正处在蓬勃向上的发展中，几乎每一周都有几个新的团体成立，它们的会员也迅速得到增加。工会组织的影响往往超出全体会员本身，凡是正在为工资进行斗争的地方，它们当然必定会构成一支起决定作用的核心队伍。奥地利工会组织的特点是，它们卓有成效地把女工吸引到运动中来；同样，它们不仅允许非熟练工人加入组织，而且还竭尽全力吸收他们加入。这两种做法不仅对于当前的目的来说非常重要，而且在政治上也非常重要，这一点是显而易见的。新近成立的一些协会不再把真正的救济工作（救济病人、救济因伤致残的人等）当做自己的目的，而专门从事这种救济工作的、其成员有数十万之众的工人协会则没有列入我们的统计之内。相反，这些新协会给失业和外出寻找工作的人提供救济和津贴。一个特别困难的问题是筹集抵抗基金，因为奥地利当局也在干预工人协会的内部组织和活动，较大款项的抵抗基金常常成为当局随便找一个借口来解散工人协会的诱因。但是这个困难也得到了克服。在奥地利，大家都承认工会的完全集中非常有必要，但是，只要存在着当局随后可以一举粉碎整个组织的危险，这种集中就会是不切实际的。因此，我们不得不满足于成立地方协会作为临时措施，这些地方协会将逐步合并为州级组织，而在各州级组织之间又将通过每年一次的代表大会建立正常联系。1890年底和1891年初举行过这种代表大会并获得极大成功的有：镟工、细木工、制帽工、鞋匠、纺织工人、矿工和冶炼工、五金工人、制革工人、面包师、建筑工，不久后缝纫工人们也将举行会议。

这些组织要达到的目的首先是缩短劳动时间。虽然奥地利已经明文规定正常工作日为11小时（当然有很多例外），然而由于国家没有进行认真的监督，所以这个规定执行得很马虎。此外，这条法律只是适用于工业。而且，11小时也是对劳动力的剥削者的过于巨大的让步。在奥地利工人阶级中再没有任何要求比规定八小时工作日的要求更受到群众的拥护了。为了实现这个要求，为了提高少得可怜的工资，必须进行最坚决的斗争。近年来在某些部门劳动时间缩短了，然而在各地都得到了最大的发展的冶金工业部门里，没有哪一个地方的劳动时间少于10小时，只有印刷工人争取到了9.5小时工作日。他们在最近一次罢工中要求把劳动时间缩短为9小时，但遗憾的是，他们的英勇斗争暂时还未获成功。

工会组织的另一个目的是阻止没有获胜希望的罢工，但是，在具备了罢工条件的地方就要有计划地、不屈不挠地使用这一斗争手段。1890年这一年，在奥地利也像在世界各地一样，爆发了一连串罢工事件。尽管鉴于极低的工资待遇和极其恶劣的劳动条件，这些罢工是完全正当的，然而，由于是在物质和精神方面准备不足的情况下进行的，这些罢工多半都失败了。即使在一些地方取得了巨大的成功，但是根据一个坚强的组织的指示采取有计划的行动的必要性，仍然越来越迫切，尤其因为在奥地利，企业主们在他们的卡特尔中，除了有步骤地诓骗消费者而外，也开始非常认真地考虑组织起来对付他们的雇佣奴隶。正是在这里，现实的需要表明，单是全国联合会根本不能达到提供世界劳动市场的信息和概况的目的，这里必须建立经常的和规范的国际联系。在这个问题上，我们希望布鲁塞尔代表大会能够取得有价值的和实际的结果。

我们还有一项任务，就是要告诉大家，给各国工人运动带来累累硕果的1889年社会主义者巴黎代表大会给各国政府的推动（它导致了著名的柏林劳工保护会议的召开），对奥地利的立法到底有多大影响。我们可以直言不讳地告诉大家：奥地利的劳工保护丝毫没有什么进展。政府满足于继续心安理得地享受1885年的法律在柏林给它带来的荣誉，它认为，用不着着急，等其他国家赶上了它盲目自诩的进步后再说，并企图隐瞒奥地利的劳工保护在许多方面已经大大落后于外国这一真相。造成这种落后的原因首先是，奥地利没有真正的联合的权利，而只有这个权利才是劳工保护的最重要的保证。国际劳工保护变成了国际剥削者保护。

相反，当局却热衷于用国家的强制性组织把工人阶级束缚起来。不过，由于工人的毅力和智慧，把小工业企业联合起来的所谓"合作社"（据说它应重新唤起已经失去的行会理想），在它能够建立起来的地方，或者被变成了无害的组织，或者被改造为工人手中的有效武器。现在，大工业企业里的工人和矿山工人也要享受到成立类似组织的荣幸，有阶级觉悟的、受到社会民主主义精神的良好教育的奥地利工人也会知道如何对付它们的。

对于统治阶级和替它效劳的政府的国际联合，人们几乎未曾抱过什么希望，相反，1889年国际社会主义者巴黎代表大会却为工人运动本身的发展作出了巨大贡献。如果说有关原则问题的协议在极大程度上对这个发展作出了贡献，那么有关五一节的具体决议至少也同样如此。关于这个问题到现在为止我们故意避而不谈，为的是在我们报告的末尾来比较详细地谈论它。因为奥地利工人运动有许多东西要特别感谢国际工人节这一伟大思想。在巴黎决定举行的支持法定八小时工作日的示威游行，其影响远远超过原来估计的范围，具有历史性的意义。当人们回想起我们对奥地利政治形势的简单概括时，他们会发现，我们面对每个国家可以"根据自己的情况"举行庆祝活动这一决议感到有点难堪，是可以理解的。游行、集会、庆祝——所有这类活动，十之八九注定会被警方直截了当地禁止；在一个像奥地利这样的国家中，过去和现在只有一件事情是可以做的，这就是停止工作，以人民的名义庆祝节日。我们知道得很清楚，在奥地利也有人会愚蠢地指摘我们，说我们"违反合同"。我们知道得很清楚，正是这些人，在他们继续进行剥削已无利可图时，会毫不在乎地一连几个月把成千上万的工人抛向街头；在他们认为方便时，立即让工人"干半天活"；他们这伙人为了阿谀逢迎地炫耀某个君主的节日，是不惜放假让工人去进行庆祝的。我们知道，当工人在一年中有一天想用几个小时来履行他的最崇高的任务时，这伙人是会大喊大叫说我们"违反合同"，说我们损害"国民劳动"的神圣利益的。我们还知道，在对法律可以作有利于剥削者的解释之处，国家权力机关始终乐于这样来运用法律。尽管如此，事情还是成功了。在此之前的几个月中，工人报刊曾号召无产阶级纪念自己的节日；为此目的，我们举行了无数次集会，散发了几十万份传单。敌人的报刊弄巧成拙，给我们帮了忙。它们先是厚颜无耻地嘲笑我们，后来当他们看到我们当真要庆祝时，便预言5月1日这一天将是世界末日。

　　我们的宣传深深地打动了工人阶级中那些对庆祝五一节仍然漠不关心的人，这种现象是从来没有过的。五一节这个工人节日的信息真正传遍了全奥地利，直至最偏僻的角落，它使人们感到又惊又喜，使人们充满希望。而最重要的是，随着关于五一节的思想的传播，社会主义的思想和国际的思想也在各地得到传扬。

我们无须在这里描绘1890年5月1日这天在奥地利是怎样度过的。一场声势浩大、威武雄壮的游行使全世界意识到，有阶级觉悟的奥地利无产阶级已经赢得了与各国无产阶级一起并肩走在最前列的权利。

如果说宣传鼓动、思想武装已经给社会民主党的事业带来成果，那么近年来的成就、光辉的胜利和广泛深入的组织工作，在许多方面都正是直接同庆祝五一节的活动分不开的。

1891年，困难增加了。事情进行得更不顺利。五一节那天是星期五，比1890年的星期四更为不利；企业家们进行了更坚决的抵抗；当局始终怀恨在心，我们在去年获得的使他们感到非常不舒服的成就激怒了他们。尽管如此，我们还是坚持停止工作，各地的情况表明，今年人们也到处都这样做了。不过，今年没有去年过节时那股空前的新鲜劲头，也没有资产阶级的畏缩胆怯给这个节日带来的光彩，这倒是事实。但是这次庆祝的性质是同样严肃认真的，去年不曾参加庆祝活动的无产阶级中的一些阶层今年也参加进来了。当然，我们也付出了更大的代价。在有的地方，如瓦恩斯多夫、别尔斯科-比亚瓦、耶格恩多夫，成千的工人被老板解雇了；虽然解雇的时间只有几天，但是对工人的打击还是相当沉重的。同样，众多受到处罚的同志，也要求得到特殊的援助。但是奥地利工人认为，这个代价是值得的，庆祝五一节的重大意义完全足以弥补我们付出的代价。他们在1891年6月底举行的社会民主党维也纳代表大会上作出决定：在任何情况下都要坚持庆祝五一节这个工人阶级的节日。

当然，在这里我们必须说清楚，正像我们在布鲁塞尔也要直言不讳地声明那样，如果五一节失去了它作为全世界无产阶级的节日这个国际性质，那么它的价值也就丧失了一半。如果不仅在巴黎规定好了的庆祝方式，而且在哪一天进行庆祝都变得各不相同的话，上述情况就会发生。德国和英国的同志们可以提出他们经过深思熟虑的把五一节放到星期日去庆祝的理由，我们准备聆听并尊重他们申诉的理由。我们决不进行不适当的干涉，但是我们认为下述看法还是值得考虑的，即在这个问题上不单是本国的情况值得非常重视，而且国际义务也同样非常值得重视。在德国和英国推迟庆祝不仅会对五一节的高尚内容、精神作用产生不利影响，还会使这个本来就不太容易举行庆祝的节日在奥地利更加难以进行庆祝。因此，奥地利代表受托在布鲁塞尔代表大会上坚决主张规定一个统一的庆祝五一节的日期。

在快要结束时，我们把我们的报告归纳如下：奥地利社会民主党正全力以赴地完成它的任务。随着经济的变革、资本主义的进步，由于社会民主党的努力，人们的思想也在逐步革命化。把剥削者和被剥削者之间的对立变成工人们意识到的对立，把大批听人摆布、日益贫困的雇佣奴隶变成一支有组织的、为工人阶级的解放而斗争的战士的大军，使这支军队在物质上做好战斗准备，并给它提供精神武器，这就是我们正在进行的伟大事业。我们意识到，这个事业正在向前推进。我们看得出，受奴役的穷人到处都领悟到了这样一种崇高的思想：为自己的解放而工作就是为人类的未来而奋斗；他们在文明世界的每一个国家里都不仅有共同遭受患难的同志，而且还有共同进行斗争的同志。在我们党的纲领中这样写道："反对剥削的斗争必然是国际性的斗争，正如剥削本身是国际性的一样。"在这个意义上，我们向布鲁塞尔代表大会表示祝贺，祝大会的工作取得圆满成功，并高呼：全世界无产阶级团结万岁！国际社会民主主义万岁！

受奥地利社会民主党代表的委托

维·阿德勒博士

1891 年 8 月于维也纳

比利时工人党的报告

自 1889 年巴黎代表大会（我们曾向这次大会提交一份关于比利时的报告）召开以来，我国的总形势和工人运动的情况发生了深刻的变化。

工人运动发展了，它的组织工作改进了。工人党的活动体现在组成党的四个部门中，这四个部门是：职业工会、政治同盟和宣传、合作社和互助会。

在党的支持下，各种不同的行业都结成了全国联合会。结成全国联盟的有：矿工、冶金工人、木材工人、油漆工、烟草工人、石头雕刻和琢磨工人以及乘务员，其中有些全国联盟，例如，矿工全国联合会，已和别国的同行结成了国际联合会。

合作社坚持了一条严格的社会主义路线，它是比利时工人党的一支力量，因为它在进行联合和经济教育方面卓有成效，它为党的政治工作和党的经济斗争提供资金。根特是工人运动的摇篮，但它已被中部的若利蒙以及布鲁塞尔赶上了；在安特卫普，运动有了惊人的进展。在列日、韦尔维耶、圣吉尔、瓦姆、弗拉默里和勒芬存在着强大的合作社团体。面包业是合作社经营的主要行业。以下的简要统计表明这个行业是多么重要：若利蒙的"进步"每天生产12000公斤面包；根特的"前进"每天生产10000多公斤面包；布鲁塞尔的"人民之家"每天生产9000多公斤面包，"工人"每天生产约50000公斤面包；也就是说，这4个企业生产的面包可供 10 万人消费。如果我们再加上全国所有其他合作社，如果我们把它们的产量也加进去，那么，这个数字可能差不多要增加一倍。合作社为宣传工作提供的资金，估计每半年可能在4万法郎以上。

＊　＊　＊

我们的政治运动的发展是激动人心的。尽管国家受到寡头政治的压迫，我们仍然是一支使政府本身都感到其影响的力量。由于我们同资产阶级民主派一起进行了选举改革的宣传，对宪法的修改正在进行中。被我们看做是解放工具的普选权，已基本上为进步党人，即自由资产阶级甚至天主教资产阶级中的一部分人所接受。一年来，在比利时没有其他任何政党提出过普选权的要求。我们已经做的一切是有重大意义的。

在代表大会召开的同一时刻，我们终于提出了关于修改宪法的议会报告，当局在舆论的压力下才迫不得已对宪法进行修改；这是在议会中进行修改的第二阶段。为了促使政府——它应当在我们发动的引起全国关注的运动之后保证改变选举制度——明确表示赞成修改宪法，5月大罢工势在必行，这次罢工的参加者多达125000人：矿工、冶金工人、木材工人、码头工人和其他无产者都停止了工作。

这些停工只是在短时期内造成了神经紧张。今天，我们的力量差不多到处都重新组织起来了，并已准备好参加新的战斗——如有必要的话。

工人党本来希望这次罢工能延期举行。但是，由于庆祝五一节，这一天工人都发动起来了，以致党在经过短暂的犹豫之后，站到了鼓动的前头。于是，鼓动立即具有了更加坚定、更加守纪律的性质。结果，党发表了一个正式而庄严的声明，要求在近期内修改宪法。

在发生这些严重事件的期间以及这些严重的事件结束之后，当局进行了骇人听闻的迫害、逮捕和监禁。

* * *

近几个月来在比利时,具体地说,在布鲁塞尔和韦尔维耶,举行了几次代表大会。尤其在大规模集会上,全国社会主义工人力量团结得更加紧密,从前的分裂完全消失了。除单独拥有自己的联合会的劳动骑士组织之外,在比利时,一切社会主义工人组织都团结在工人党的红旗下。

在我们去年的年度报告中引用的一些情况可以补充说明我国的形势。必须指出,在比利时,社会主义者在他们前进的道路上遇到的教权派这个不共戴天的和顽强的敌人比其他国家都多。

这些教权派保守分子用他们的"工人之家"来同我们的"人民之家"对抗;用他们的教会合作社来同我们的社会主义合作社对抗;用他们的群众大会和演讲来同我们的群众大会和演讲对抗;用他们的下流的宣传报纸和文章来同我们的报纸和小册子对抗;他们在他们的报刊上歪曲我们的思想和我们的要求,诽谤和败坏工人党代表的声誉。他们的活动得到了政府的支持。

* * *

正如我们在上面所说的那样,在我们的年度报告中所引用的一些细节可以补充我们的说明。

除了去年9月14日和今年4月5日举行的代表大会以外,不同行业的工人和学生团体在工人党的协助下举行了17次代表大会。举行代表大会的工人和学生团体是:雪茄烟工人、矿工、互助会员、冶金工人、青年近卫军、木材工人、裁缝、合作社、卷烟工人、社会主义大学生、弗拉芒小组、大理石加工工人、石匠和采石工。

在过去的一年中举行了多次选举。

在去年10月举行的市政选举中，工人党提出了大批候选人。在布鲁塞尔和首都各郊区，党的候选人当选了。在瓦隆地区的许多地方，情况也是这样。

去年6月，莱昂·德费索公民在蒙斯获得15587张民众选票后，只获得了404张选举税缴纳者的票。

产业和劳动委员会也多次进行选举。各地的选举都对工人党候选人有利。

有27个新协会在去年加入了工人党。

1890年5月1日和1891年5月1日对我们的运动来说，是两个光辉的日子。

在每个重要城市，在每个工业中心，成千的劳动者提出了八小时工作日的要求。

有好几个工业区和整个矿业区，工人都停止了工作。

这个国际劳动节是工人思想的一次大检阅，比利时在这个大检阅中当之无愧地占有自己的位置。

社会主义青年近卫军特别肩负着进行反对服兵役的宣传的义务，他们已经证明了他们的勇敢和毅力。他们成立了一个联盟，把布鲁塞尔以及外省的大批青年近卫军小组联合起来了。

在快要进行征兵抽签的时候，发生了反对服兵役的示威游行，人们举行了群众大会，应征士兵向政府机关递交了反对令人憎恶的军事制度的抗议书。

通过报刊进行的宣传不再是没有成效的了。为了发动1890年8月10日的政治示威，我们出售或散发了6万多本小册子。为了迎接5月1

日这一天，我们出售或散发了5万多本小册子。

　　正如我们在如上概括的报告中所说的那样，比利时工人党和国际社会民主党遭到了巨大的损失。我们的令人怀念的塞扎尔·德巴普去世了。他把自己的一生完全献给了不幸者的事业，献给了探索建立一个比我们现在生活于其中的社会更美好、更公正、更人道的社会的事业。我们遵照他的遗愿，已把他的遗体运回布鲁塞尔。为这位勇敢的人，这位伟大的公民举行了隆重的葬礼，甚至国王都没有享受过这样大的殊荣，连他的敌人都不得不向他表示极大的和深深的敬意。

　　　　　　　　　　　　　　　代表比利时工人党总委员会
　　　　　　　　　　　　　　　书记—报告人：
　　　　　　　　　　　　　　　路易·贝尔特兰德

丹麦社会民主党的报告

丹麦大约有 200 万人口，其中一部分人从事农业和渔业，一部分人靠工业为生。

农业是居民的主要行业，但在过去，从事农业的居民比现在要多得多。大约在 100 年前，丹麦的工业还少得可怜；但在这 100 年间，它已获得相当大的发展。

从事农业生产的那一部分人民，就全国范围来说在相对减少，但就某些地区来说却在绝对减少，而工业人口却不断增加。

根据 1891 年 2 月 1 日的人口调查，在最近 10 年中全国人口增加了 203000 人，而人口增加的几乎完全是下面这些地方：首都哥本哈根、各州首府以及农村中较大规模的工业活动占支配地位的地方。

农业人口占优势的那些地方，即人口在绝对减少的那些地方，绝不是最贫瘠的地方；相反，那些地方是最富饶的地方，那里的农业劳动生产率是最高的。

在那些地方，人口下降是由于使用农业机械和改进设备引起的，其结果是一部分劳动力成为多余的了。

国家宪法是一部君主立宪制的宪法。

国会（议会）由两院组成：

1. 福克庭（众议院）由直接选举产生。直接选举虽然是按照普选权的原则进行的，但是对普选权加上了许多限制。

2. 兰德斯庭（参议院）通过间接选举任命。在间接选举中，资本家阶级可以行使因财产而享有特权的选举权。

关于劳工保护只有3项法律，这就是：

1. 1873年5月23日通过的关于在工厂和按工厂方式经营的工场内做工的童工和青工的劳动法，以及公众对这项法律执行情况的监督权。

2. 关于对大陆蒸汽锅炉进行监督的法律。

3. 1889年4月12日通过的保护劳工、防止工伤事故法。

根据这几项法律，从1885年10月24日至1891年3月31日（这个报告所包括的这段期间），1949个工厂和按工厂方式经营的工场受到了监督。在这些工厂和工场里劳动的总共有29613名成年男工，6918名成年女工，2796名年龄在14—18岁之间的未成年男工，649名同样年龄的未成年女工，2124名年龄为10—14岁的男童工和395名同样年龄的女童工。

此外，1365个由管家或承租人管理的企业和农村企业，以及使用机械动力的其他81个企业受到了检查。

上面提到的第一项法律（1873年5月23日通过的关于童工和青工在工厂等做工的法律）要求，年龄在10—14岁之间的童工只准在法律规定的企业里做工，每天劳动6.5小时，上班时间早上不得早于6点，晚上不得晚于8点。

14—18岁的青工也只能在法律允许的企业里每天劳动12小时，上班时间早上不得早于5点，晚上不得晚于9点。在法律允许的12小时劳动时间内，必须保证青工至少有2小时用餐和休息的时间。

此外，关于餐馆和有碍健康的劳动，这项法律还有各种不同的规定。

这项法律完全不涉及成年工人（18岁以上）。

另外两项法律包含关于对蒸汽锅炉进行监督和允许使用某些有安全保护设施的由机械动力推动的机器的规定。

在上述两项法律中，完全没有考虑到不使用由机械动力推动的机器的真正的手工业和农业企业。

在上述法律规定的范围内进行监督的权力，由政府方面委派的两名视察员行使。

在最近公布的报告所涉及的时期内，向监督机关报告的在使用机器的企业里发生的工伤事故有327起，但事故实际上比这多得多，因为有大量工伤事故没有上报。

由于违反上述法律的行为，当局在这一时期内对雇主提出了50起诉讼案件，然而这些诉讼案照例都以判处少量罚款了事。

* * *

1870年，丹麦工人开始在社会主义的基础上组织起来，他们成立了一个"国际工人协会"支部。

政府不久就取缔了这个组织，把它的领导人关进了监狱，并企图用一切手段把各地的社会主义运动镇压下去，然而枉费心机。

从那以后，丹麦工人在两个基础——政治基础和行业基础——上进一步组织起来了。

名叫"社会民主联盟"的政治组织，包括140个团体，共有约17000个成员。在这些团体中有90个农业工人协会，它们的会员约有6000人。

行业组织包括300多个团体，大约有35000个成员，不下12个行业，这些行业是：木工、泥瓦工、细木工、卷烟工、裁缝、织工、制桶工、铁匠和机械制造工、杂工、画匠、白铁匠和鞋匠。他们都有强大的、组织得很好的协会，这些协会在全国都建立了广泛的、为数众多的分支机构。

此外，全国各地的印刷工人也彼此建立了组织联系。

丹麦社会民主党的发展实际上比上面那些数字所表明的还要可观，尽管许多和我们志同道合的人，一部分由于贫穷，一部分由于雇主方面施加的压力，未能成为各种协会的成员。

哥本哈根的**行业**组织通过一个共同的中央领导机构而联合起来，这个机构的名称叫做"共同行动行业协会"。哥本哈根各行业协会理事会负责组织全体讨论会，选举了一个事务管理委员会来处理日常事务。

在许多较大的州的首府也成立了类似的共同的代表机构。

政治组织（社会民主联盟）是由17名选举出来的委员组成的总执行委员会领导的；党的议会议员和党的机关报的编辑也是总执行委员会委员。在17名选举出来的委员中，有7名来自哥本哈根，其余10名来自全国各地。

整个国家分为9个宣传鼓动区，其中每一个区由一个宣传鼓动委员会负责。

这些行业组织以及政治组织通过发表宣言、出版物等，共同发挥作用。

今年5月3日（星期日）组织了一次要求实行八小时工作日的大规模游行。仅在哥本哈根就有60000名党的支持者参加这次示威游行；在各州首府也举行了类似的游行，有大批农业工人参加。

丹麦社会民主党拥有5种社会主义报纸；其中，在哥本哈根出版的《社会民主党人报》每天发行22000份，其余4种报纸在日德兰出版，总共发行6000份。

其次，党还出版了一份社会主义的讽刺幽默报纸《乌鸦》。

此外，我们党还出版了一系列社会主义著作和小册子，如下列举的只是其中的一部分：

卡尔·马克思：《资本论》；贝努瓦·马隆：《社会主义史》；弗里

德里希·恩格斯:《家庭、私有制和国家的起源》。

党以小册子的形式出版了卡尔·马克思、弗里德里希·恩格斯、斐迪南·拉萨尔、威·李卜克内西、奥·倍倍尔、威·白拉克、多梅拉·纽文胡斯、保尔·拉法格等人的社会主义著作,一部分用原文出版,另一部分则译成丹麦文出版。

丹麦社会民主党在议会里有5名议员,他们是:彼·霍尔姆同志、C.赫尔杜姆同志、哈拉尔·延森同志、C.C.安德森同志和彼·克努森同志,其中前面三人是福克庭（众议院）议员,后两人是兰德斯庭（参议院）议员。

在国会里,丹麦社会民主党党团从社会主义的立场出发参与一般立法。

丹麦社会民主党党团向国会提出了几项自己起草的法案,在这里只需提到其中的一项法案,即关于实行八小时工作日的法案就够了。

* * *

关于丹麦工人阶级的**经济状况**,在党员彼·克努森同志出版的一本带有统计数据的著作中有详细的阐述。根据这部著作的统计,工人的平均工资如下:

年平均工资（克朗）

哥本哈根的手工工人（熟练工人） …………………………	754—884
哥本哈根的工业企业工人（非熟练工人） …………………	711
哥本哈根的挖土工人 …………………………………………	500—600
各省会的手工工人和工人 ……………………………………	600
伙食自理的农业工人 …………………………………………	371—400
伙食由雇主提供的农业工人 …………………………………	224—238

在工业企业里劳动的男工有将近83000人，其中约有52000人要挣钱养家。

农业工人有将近133000人，其中约有125000人要挣钱养家。

正如如下数据表明的那样，工资和生活需要之间的比例并不平衡：38000户或70%的工业工人家庭（农业工人家庭自然不包括在内），根据科学的计算，每年短缺400克朗的生活费用，这些家庭缺乏足够的食物。

至于其余的家庭，工资也同样不够用，即使短缺的程度不那么严重。

* * *

为了改善这种状况，丹麦社会民主党通过两条途径进行斗争：既通过政治的途径，也通过行业组织的途径。

在政治方面所作的努力，上面已作了比较详细的叙述。

就行业组织方面来说，斗争始终持续不断，有时是进行罢工，有时是同雇主进行谈判。

结果是各不相同的，不过在大多数行业，工资情况在较大程度上获得了改善；同样，在别的方面，例如，在缩短工作时间方面，现在在大部分行业中工作时间已限定为10小时；在对工人采取较人道的态度等方面，情况也有所好转。

目前哥本哈根的家具工人正在进行顽强的斗争，争取保住两年前在雇主们上演的同盟歇业把戏后取得的较好的工资待遇，现在雇主们又想把这种较高的工资从工人们那里夺走。

这次罢工已持续了7个月，看来有希望以工人的胜利而告结束。

* * *

在向国际社会党1891年布鲁塞尔代表大会提交本报告的同时，我们以整个丹麦社会民主党的名义向大会致以兄弟般的敬礼。

彼·克努森　西瓦尔·奥尔森
马丁·奥尔森
1891年8月于哥本哈根

农业工人

——丹麦社会民主党对农业工人问题的态度

社会民主主义运动在一切国家中都首先是在工业工人当中开展起来的,并且主要是由工业工人来进行的。只有在较晚的阶段上,农业工人才开始接近这个运动。无疑还有一些这样的国家,在那里社会主义至今还没有传播到从事农业生产的居民当中去。

这种情况造成的结果是:社会民主党在促进它的一般目的——劳动资料社会化和推翻资本的统治——实现的过程中,对工业工人的特殊利益的关心,胜过了对仅涉及农业工人的那些狭义上的利益的关心。

然而,为了能够完全实现自己的目的,社会民主党同样有必要努力尽一切可能而又有计划地与从事农业生产的居民取得联系;为此目的,它有必要努力指出能够促使土地转化为公有财产的办法。同时,它同样有必要说明,在当前的社会条件下用什么方式和方法能为从事农业生产的工人争取到较好的生活条件。

在那些绝大多数居民都靠农业为生的国家里,必须首先把这一点当做社会民主党的目标。

丹麦无论如何都属于这类国家。关于这个国家的城市人口和农村人口之间的比例,稍后我们将比较详细地谈一谈。

丹麦社会民主党近年来在农业工人中获得了不小的发展。一方面,由于这种发展的结果;另一方面,随着对这个国家的农业工人问题具有极其重要的意义的认识的加深,丹麦社会民主党在其最近两次代表大会上深入讨论了这一问题。

不过，在阐明我们党在这个问题上所持的立场之前，我将对我国农业的一般状况作如下概述。

丹麦的土地和对土地的经营

丹麦的土地（水面不包括在内）约有689平方丹麦里。

一平方丹麦里稍稍超过55平方公里。因此，丹麦的土地面积约等于37964平方公里。

丹麦使用的土地面积单位叫做"峒"（Tonne）。1峒土地等于14000平方埃勒（Elle），或者约等于55000平方公尺，或0.55公顷。

因此，按照丹麦的丈量尺度，1公顷约等于一又五分之四峒土地。1平方丹麦里约等于10000峒土地。

从土地经营的方式来看，这689平方丹麦里分成以下几类：

耕地、草地、园圃 ·················· 约 $513\frac{1}{2}$ 平方丹麦里

森林 ························· $37\frac{1}{3}$ 平方丹麦里

荒地 ························· $86\frac{1}{2}$ 平方丹麦里

沼泽 ························· $21\frac{1}{2}$ 平方丹麦里

流沙地 ······················· 9 平方丹麦里

多石地 ······················· 5 平方丹麦里

因此未开垦、未耕种的土地面积总计约 **122 平方丹麦里，也就是说，约占全部土地面积的 1/5 弱 1/6 强**。

未计算在上面列举的统计数字中的那部分土地为建筑工地、庭院、荆棘灌木丛、道路，等等。

税收单位和财产形式

在丹麦通行的地产税的单位是 1 吨谷物。

土地的肥力不同,对其征收的赋税的税率也不同。最肥沃的土地大约每 6 峒征收 1 吨谷物;与之相比,全国的耕地平均计算大约每 17.3 峒征收 1 吨谷物;而在国内土地税额定得最低的那部分地区,甚至 43.5 峒土地才交 1 吨谷物。

丹麦的全部谷物约有 38.2 万吨,其中约 0.7 万吨由各城市消费,其余的约 37.5 万吨由农村地区本身消费。

下面的阐述只涉及真正的农村地区。

在丹麦从事农业的人的财产分为"庄园"和"家园"两种。

庄园又分为"大庄园"(或"地主庄园")和"农民庄园"两类。"大庄园"或"地主庄园"指的是按照上面所说的标准计算缴纳 12 吨以上谷物的地产。凡是缴纳 1 吨到 12 吨谷物的地产都算做是"农民庄园"。

丹麦农业地区的"大庄园"或"地主庄园"有 2041 个,它们缴纳的谷物约 5.7 万吨。

"农民庄园"约有 7.3 万个,它们缴纳的谷物约 27.4 万吨。

"家园"分为"有耕地的家园"和"无耕地的家园"两种。凡是拥有缴纳 1 吨以下谷物的地产的家园都叫做"有耕地的家园"。"无耕地的家园"只占有少量土地。

"有耕地的家园"约 15.2 万个,"无耕地的家园"约 3.7 万个。前者总共缴纳约 4.1 万吨谷物。

"大庄园"或"地主庄园"的平均土地,按上述纳税标准计算,相当于缴纳约 28 吨谷物的土地。"农民庄园"的平均土地相当于缴纳 4 吨谷物的土地。

"有耕地的家园"平均占有的土地量只相当于缴纳约 1/4 吨谷物的土地。

约 5.8 万个农民庄园是它们的所有者的自由财产。其余的农民庄园是"租佃庄园",它们依附于大庄园,每年必须向大庄园的所有主支付一定报酬。这类租佃庄园中大约有 1 万个被承认是"可以继承的",它们的占有者不仅有权把这些庄园作为遗产传给他们的后代,而且还有权出售这些庄园或把它们当做抵押品,这一切都在他们的占有权范围之内。由此可见,这类庄园差不多也是它们的所有者的真正财产。其余的约 5000 个"租佃庄园"则是在较多的限制条件下交给它们的经营者的。

在家园中约有 15.6 万个(包括无耕地的家园在内)或者是它们的所有者的财产,或者是保持着继承租佃关系的家园。其余的约 3.3 万个家园按照下述两种方式之一交给它们的经营者使用,但经营者每年必须向所有者缴纳报酬。这两种方式中的一种是,经营者的权利在他去世后即行终止("租佃家园");另一种是,到一定期限后经营者的权利要求可以宣布作废("租赁家园")。

家园的所有者称为"家园主"。农民庄园的所有者称为"庄园主"。家园主通常出于这样一种境地,即耕地的附属物——耕地一般都有附属物——不能给他们提供足够的收获来维持生活。这样一来,绝大多数家园主都不得不为大庄园主和其他占有较多土地的地主提供雇佣劳动。

采邑和不能转让的世袭地产

丹麦地产的占有形式还有以下两种,即不能转让的世袭地产和采邑。属于这类地产的在丹麦有 19 个伯爵领地、14 个男爵领地、37 个封建家族祖传家园和 9 个"不能转让的世袭地产",后者之所以得到这样一个特殊的名称,只是因为它还不够大,不能归入前面提到的任何一类。

这 79 个庄园总共生产 37500 吨谷物，约占全国谷物总产量的 1/10。

所有这些庄园都是国有财产。它们当中的大部分起初都是由丹麦的专制君主按下述方式授予某个贵族的，即该贵族本人和他的后代虽然享有受益权，但那些庄园却不是他们自己的财产。

在前面提到的"庄园"和"家园"两类土地的划分中也包括不能转让的世袭地产在内。

一个采邑或不能转让的世袭地产通常都包括几个庄园——既有地主庄园，也有农民庄园——和家园。

教士庄园

丹麦的僧侣（哥本哈根和各省会的僧侣除外）可以利用一块或大或小的地产以及属于该地产的建筑物作为他们所领取的俸禄的一部分。这些地方就称为"教士庄园"。丹麦的教士庄园共有 951 个，属于它们管辖的土地总共生产约 7000 吨谷物。

这些教士庄园中有一些庄园和地主庄园完全一样，或者说，在它们的利用上比起地主庄园来毫不逊色。有 77 个教士庄园每个庄园所生产的谷物不少于 12 吨至 20 吨，有 116 个教士庄园每个庄园所生产的谷物不少于 10 吨至 12 吨，其余的教士庄园每个能生产 6 吨至 10 吨谷物。

在丹麦的 3 个行政区，即哥本哈根州、腓特烈堡州和霍尔拜克州，共有 40740 个"有耕地的家园"，这些家园生产的谷物不超过 7000 吨左右。951 个教士庄园所占有的土地刚好等于 40740 个家园拥有的土地的总和。

地产抵押债务

丹麦地产的全部价值估计约为 40 亿克朗（1 克朗 = 1 马克 12 芬

尼)。从前面的叙述中可以清楚地看出，大部分土地是归从事农业生产的小农占有的。然而，随着时间的推移，他们自己的财产越来越成问题，因为不断增长的土地抵押债务使产权越来越多地集中到大资本的手中。

在丹麦，为占有土地而担负的土地抵押债务总计约有17亿克朗。在1866—1885年这段时期，土地抵押债务增加了约7.73亿克朗。具体地说，在1866—1870年这5年间增加了1.3亿克朗，也就是说，平均每年增加了2600万克朗；在1871—1875年这5年间增加了1.87亿克朗，也就是说，平均每年增加了3700万克朗；在1876—1880年这5年间增加了2.25亿克朗，也就是说，平均每年增加了4500万克朗；最后，在1881—1885年这5年间增加了2.31亿克朗，也就是说，平均每年增加了4600万克朗。

这些数字是土地抵押债务净增的数额，因为在同一时期内已经结清了的债务，已被扣除而没有计算在内。

如果丹麦的全部土地抵押债务的利息按年利率4%计算，那么土地占有者每年必须向抵押金的提供者缴纳的利息就总共有6800万克朗。

丹麦国库的年收入约为5400万克朗。因此，丹麦的土地占有者每年必须向资本家缴纳的税，比丹麦国库每年的进款大约还多1400万克朗。

如果上面提到的丹麦土地占有者必须以利息的形式支付给资本家的那笔钱，不是落入资本家的腰包，而是作为工资分配给农业工人，那么每一个农业工人的工资每年大约可以增加500克朗。

农业工人的人数

根据1880年的人口调查，丹麦的全部人口为1969039人，其中居住在哥本哈根和各州首府的城市居民为515758人,其余的1453281人则居住在农村地区。因此农村人口约占全国人口的四分之三,而哥本哈根和各州首府的人口加起来仅仅约占全国人口的四分之一。

全部农业工人主要由前面提到的"家园主"构成。不言而喻,没有耕地的家园主是完全依靠出卖劳动力为生的。正如前面已经提到的那样,大多数有耕地的家园主也同样要到农民庄园主或大地主那里去寻找生计,因为他们自己拥有的地产照例远远不能提供足以维持他们生存的资料。此外,家园主照例还必须为大地主干活——大多是干收割的工作——作为家园主在耕种自己的土地时大地主向他们免费提供畜力的报酬。

在农村,有相当大的一部分房屋是由手工业者、商人、教师、渔夫等人居住的。因此,"房主"的人数和房屋的数目并不是完全相等的。但另一方面,在农村除了房主之外,还有另一类工人,即所谓的"租单间的人",他们由于租不起一座房子,只好满足于一间屋子。

在农村完全靠做零工或者主要靠做零工为生的男工总数将近13.3万人。此外,在农业地区替地主家当佣人的男工还有大约9万人。

现在把城市的情况简单叙述一下,以作一个对比。在工业中从事劳动的男工,包括哥本哈根和各州首府的短工在内,总计约8.3万人。在哥本哈根和各州首府当佣人的男工约0.8万人。

农业工人的劳动条件

作为一个阶级来考察,丹麦的农业工人的处境是最悲惨的。雇主支付给他们的报酬有时完全是货币,有时是货币加食物。纯粹的农业工人的工资通常是按日计算的,而佣人的工资则是以一年或半年为期计算的,此外东家还向他们提供伙食和住宿。下面的阐述只涉及工资按日计算的纯粹农业工人。

扣除雇主提供的伙食费用之外，在夏季农业工人的平均日工资约为90欧尔（约合1马克），但实际的日工资往往低于这个数目；在许多情况下，它被压低到50欧尔，甚至比这还少。在收获季节的少数几个星期里，工资有所提高，具体地说，平均可以提高到1克朗33欧尔和2克朗，但它也经常被降低到83欧尔和1克朗以下。在冬季，平均工资不高于约60欧尔，而且经常被降低到25欧尔，甚至更低。

如果工人自备伙食，在夏季平均工资标准约为1克朗33欧尔至1克朗50欧尔，但经常被降低到1克朗。而在收获季节，自备伙食的工人的平均工资为1克朗60欧尔至2克朗，但它也经常被下降到1克朗和1克朗33欧尔。在冬季，自备伙食的工人的平均日工资在1克朗10欧尔至1克朗20欧尔之间。有时雇主往往只同意每日付给1克朗的报酬。我们也看到在冬季工资标准被压低到50欧尔，甚至50欧尔以下的大量例子。

在农业企业中，添置的机器越来越多，这使越来越多的农业工人失业。这种情况反过来又使本来就已经很糟糕的工资情况每况愈下。一个农业工人的年收入，如果伙食由雇主提供，平均为224—238克朗，但是常常被降低到150—200克朗。自备伙食的工人的年收入，平均可达370克朗左右，但是常常被降低到300克朗，甚至比这还少。

不难看出，一个农业工人的劳动报酬这样少，是不可能以符合人的尊严的方式维持他自己和他的家庭的生活的。哥本哈根大学教授法尔伯－汉森几年前作过一个计算，一个只有两个成年人和两个儿童的农民家庭，如果要过勉强能维持温饱的生活，每年必须要有500克朗的生活费用。毫无疑问，要获得真正良好的、充分的营养，需要更多的开支。然而，即使根据法尔伯－汉森教授的计算，只需养活妻子和两个孩子的那些农业工人，每年还缺130—200克朗，才能使自己和自己的家庭勉强能够维持温饱。至于那些有5—10口人的大批工人家庭所过的生活还要悲惨得多，那就更不言而喻了。

景况最坏的工人家庭，是养活它们的人需要雇主提供伙食的家庭。这种工人的货币工资有一部分要被扣除，这就使他们更难维持他们本来就很难维持的家庭生活了。这种家庭一般每年用于每一个成员的伙食费大约只有20—50克朗，或者就全家来说，一年的伙食费还没有雇主因向其男主人一个人提供伙食而从他的货币工资中扣除的那笔钱那样多。

由于男主人不在家里吃饭，全家的伙食费简直少得可怜。吃的东西几乎只有土豆、面包和一点点脂肪以及大麦粥。但是，就连这些廉价的食品也不能得到比较充分的保证，因为少得可怜的工资买不起。

同这种营养不良的伙食比较起来，居住条件的恶劣和衣着的寒碜更令人触目惊心。

丹麦社会民主党的要求

丹麦社会民主党不相信，农业工人（以及其他的工人）的状况在现存的资本主义国家制度下能够得到充分改善。因此党始终认为，必须把劳动资料转归全民所有，以便由社会来管理整个生产。

根据这一基本要求，丹麦社会民主党同样为解决这样一个问题而奋斗，即尽可能改善包括农业工人在内的全体工人的状况。劳工保护的种种要求；通过立法缩短工作日的要求；改进整个教育制度，尤其是在儿童上学期间向他们免费提供伙食的要求；以及提供合理的医疗服务和给老年人以人道赡养的要求——这些要求连同丹麦社会民主党提出的其他许多要求一道，指出了既能使农业工人也能使工业工人的生活状况得到改善的途径。

除了这些总的要求而外，丹麦社会民主党还提出以下专门涉及农业和农业工人的要求：

"采邑和属于教士庄园的土地应予以没收，其他正在出售的地产应由国家收购。

荒地和其他未开垦的土地应收归国有，以便在条件许可时对它们进行开垦、经营，等等。

国家把属于它的和按照上述办法收归国有的一切不动产的经营权和受益权都交给农业工人，以便使土地得到开垦和耕种，同时向农业工人提供必要的经营手段，使他们能够受益。

国家应扶植对地产的经营并努力简化土地转归国有的手续。为此目的，国家把土地抵押银行纳入国家机构，其任务是接受土地作抵押以提供贷款。

国家在最合理的范围内在农业中促进合作社经营方式的发展，使从事合作经营的工人也能获得充分的劳动收益，当然要扣除按规定应向国家缴纳的税。

由国家出资把一部分属于国家的土地办成示范农场。与此同时，还应建立农村家政学校，使家园主和农业工人能在这些学校中接受义务教育和培训。

国家制定一套修建出租住宅、出租房屋和佣人居室以及有关其使用和对其进行适当监督的制度。"

没收不能转让的世袭地产和属于教士庄园的土地

如上所述，在丹麦有79个采邑和不能转让的世袭地产，它们总共提供3.7万吨谷物。这些地产，根据上面说明的情况来看，已经是某种形式的国家财产，它们的受益权是从前的专制君主授予某些贵族家庭的。

在有些情况下，这些贵族家庭为了使它们的地产长期集于一人之手，便把它们置于国家的监护之下。这样一来，这些地产就其占有和所有权来说，基本上获得了和由国王作为采邑直接赠给贵族的地产相同的形式。现在属于这些地产的土地最初是从农民那里夺去的，尽管农民现在甚至成了国王或封建主的负担。那些地产的来源，是一大批村庄被毁灭、农民等级的财产被剥夺和他们被逐出自己的庄园和故乡的历史。那些地产由国王赠给各个不同的贵族家庭，作为对它们在宫廷中所过的寄生生活的酬劳，或者出于类似的动机。下面几个例子就足以说明这种情形。

位于西兰岛的荷尔斯泰因堡伯爵的领地就是国王弗雷德里克四世送给他从前的游玩伙伴荷尔斯泰因伯爵的礼物。同样位于西兰岛的布雷恩特维德伯爵领地的情况与此完全相同。布雷恩特维德的这份地产是国王弗雷德里克五世送给亚当·哥特洛布·毛奇伯爵的，后者不久前才从梅克伦堡迁到丹麦来定居。这个人到丹麦来的时候还是一个穷困潦倒的贵族，但他去世时已经是这个国家最富的大地主之一。布雷恩特维德伯爵领地占有的土地达1万峒（=1平方丹麦里）。

我们可以举出许多这样的例子来证明采邑是怎么产生的。

除了土地之外，在丹麦还有一种所谓"不能转让的世袭资本"属于整个采邑和不能转让的世袭地产，这种资本总共约有1亿克朗。

这类无疑还没有完全失去国家财产的性质的采邑和不能转让的地产，其受益权却已经被授予贵族家庭。针对这类采邑和地产，丹麦社会民主党要求：特权应予以废除，土地必须重新由国家收回。同样，在国家与地产的关系不像在国家保留所有权的情况下那样较为明晰的一切场合，社会民主党要求：废除那些允许地产集于一人之手并由他长期占有的特权，并要求采取措施，使这些地产尽快交到国家手中，成为国家的财产。

党的纲领中规定了我们党对宗教所持的立场，因此，社会民主党已经表明了对属于教士庄园的土地的看法。我们认为这是一件私人事务，由此得出的结论是，那些自愿结合起来组成宗教团体的人，也必须自己支付给他们的神职人员报酬，因此，神职人员的解雇也是一件和国家毫不相干的事。不过我们认为，如果国家本身把地产作为神职人员的俸禄的一部分而交给他们的话，那么这种做法特别应该受到谴责。

党的这个要求希望达到的结果是，属于教士庄园的相当大一部分耕地，应当从神职人员那里收回而由国家用于别的目的。

国家在把采邑和不能转让的地产以及属于教士庄园的地产收回以后，应当如何更好地利用这些土地？我们将在下一节中比较深入地谈一谈我们对此问题的看法。

如何开发和经营未开垦的土地

我们在上面已经提到，在丹麦未开垦的土地面积不下122平方丹麦里，或者说，介于全国土地面积的五分之一和六分之一之间。在这些未开垦的土地中，除了沼泽地和泥炭地以外，荒地共占108平方丹麦里，或者说，占全国土地面积的1/6弱1/7强。社会民主党向国家提出的要求之一，就是对这些荒地的大部分进行开垦，使它们在经济上能够带来收益。

今天野草丛生的荒地，几乎完全是由本来完全适宜于耕种或造林的土壤变成的。在荒地上几乎到处都可以发现残存的树桩。这证明，从前这些荒地是大片森林。同样，在别的荒地上肯定也有不少表明其中大部分土地从前被人耕种过的标志。因此，毫无疑问，对这些荒地重新进行合理的开垦，或者种植树木和加以利用，是可能的。

大部分沼泽地通常比真正的荒地更有用。特别是沼泽地的土壤中含有大量的氮，如果把沼泽地的土壤同其他比较贫瘠的土壤掺和在一起，那么沼泽地的这种性质就能够使它变得非常有用。

最近几年来，丹麦的一部分荒地和沼泽地已经得到开垦：或者种上了庄稼，或者栽上了成材的树木，而这主要是私人发挥主动性的结果。在这方面必须特别强调指出的是日德兰垦荒协会，该协会取得了非常巨大的成就。国家每年都向这个协会提供津贴，不过津贴多少在不同年代是不相同的。在过去的几年中，这笔津贴总共达8.9万克朗。此外，国家还自己出资在荒地上植树造林。

但是，这些努力还不够，还不能完成摆在我们面前的任务。迄今为止在开垦荒地方面所进行的工作，绝大部分是贫穷的居民承担的。当然垦荒协会对他们的工作提供了援助和支持。这种援助和支持的作用主要表现在以下几个方面：对于如何开垦荒地进行实际指导，铺设输水管道，修桥筑路，建立种植园和开办植物栽培学校（从种植园和植物栽培学校，荒地的居民可以获得幼苗来进行栽培）。

然而，不言而喻的是，上面提到的那些私人努力是完全不够的。私人垦荒者为了能够生存下去，必然希望尽快从他投入的劳动和费用中获得收益。如果长期得不到收益，那么他通常就不得不重新放弃劳动，而经验随后也会教训许多已经开始进行垦荒的志愿者不得不重新放弃这项事业——不是由于贫困使他们无法继续垦荒，就是由于他们栽培的作物不能非常迅速地给他们提供必要的收益。

相反，对于国家来说，情况就不同了。即使一代人或两代人所能获得的收益与国家在开垦荒地方面投入的劳动并不完全对等，但是国家（也就是全体人民）还是得到了一种极大的好处：迄今为止尚未带来收益的土地被开垦了，变成有用的土地了。对国家来说，如果能够把荒无人烟的不毛之地变成富饶的和令人羡慕的地方，使这块土地能够养活比现在更多的人口，哪怕真正的收益只有过了几代人以后才足以充分抵偿所投入的大量劳动，如果能够做到这一点，国家的目的就已经达到了。

基于这些理由，丹麦社会民主党要求国家把荒地和其他未开垦的土地收归国有，以便进行开垦和耕种，使之造福于民。

在现存社会条件下如何利用国有土地

从上面所说的可以看出，国家现在占有或不久后还能占有的土地数量不菲，采邑和不能转让的地产以及属于教士庄园的土地大约能够生产4.4万吨谷物，约占全国全部谷物产量的11%。如上所述，荒地和沼泽地约有108平方丹麦里，相当于这个国家全部土地面积的六分之一至七分之一。仅仅教士庄园所生产的谷物就差不多和4万个"有耕地的家园"所生产的一样多。

于是就产生了这样一个问题，国家应如何利用它所拥有的土地？

鉴于上述种种情况，必须坚持的第一项要求是：**土地一旦收归国有，就绝不允许再变成私有财产**。社会民主党要求，一切劳动资料都应成为公共财产，尽管当前这种形式的国家不能被看做无产阶级利益的代表者，然而也不存在任何阻止国家现在就把土地收归国有的障碍。收归国有的办法有两个：或者通过开垦荒地，或者通过废除像神职人员那样的拥有大量土地的地产占有者的特权和权利，把土地变成全体国民的财产。当劳动人民执掌国家政权的时刻到来时，如果相当大一部分土地已经不再是私有财产，那么，我们在实现生产组织社会化方面就已经走了一大段路程。

由国家占有的土地决不能再交给私人作为他的财产，也不能由国家按照资本主义的模式来经营，因为这样做只会造成如下结果，即耕种土地的农业工人将不得不在与他们现在的处境同样艰苦的条件下劳动。此外，这些农业工人会受到极大的束缚。资本主义国家会用今天大地主剥削和压迫农业工人的同样方式来剥削和压迫他们，甚至可能程度更为恶劣。

　　这样做在国民经济方面也没有为农业工人争取到什么。此外，不应忽视，土地私有制终归会越来越成为假象，因为真正的所有权通过土地抵押贷款和企业贷款会越来越多地落入提供贷款的人——即银行家和其他资本家——的手中。因此，土地作为财产来转让对农业工人来说也是毫无裨益的。

　　丹麦社会民主党所要求的开发利用国有土地的方法，正像在前面已经提到的那样，在如下纲领要点中已经表明：

　　"国家把一切属于它的和按照上述办法收归国有的不动产的经营权和受益权都交给农业工人，以便使土地得到开垦和耕种，同时向农业工人提供必要的经营手段，使他们能够受益。"

　　由此可见，只有土地和经营手段的**受益权**应交给农业工人，而土地本身和经营手段仍然归国家所有。受益权必须按照下述条件交给农业工人，即从经营中获得的全部纯收益应归相关的工人所有。

　　在把受益权交给农业工人之时，必须注意最大限度地实行土地由几个农民共同耕种的经营方式。因为小规模经营是不经济的，而大规模经营在经济上有巨大的优越性这一原理在农业中也像在工业中一样适用。因此，必须立即进行宣传，使人们认识到，把土地划分成小块来经营无论对单个人来说还是对全体国民来说都是不利的，只有合作经营才是唯一有效的形式。

　　有鉴于此，丹麦社会民主党要求国家开办农村家政学校，对家园主和农业工人实施免费教育；同时创办示范农场，它的宗旨是，使那些致力于农业的人获得尽可能多的知识和本领。

　　从经济方面来看，这些措施可能会对农业工人的地位产生以下影响：

如果交给农业工人的受益权达到这样的程度，即通过正常的劳动从土地获得的收益，给每一个享有一部分受益权的工人提供的收入基本上多于今天支付给一个农业工人的劳动报酬，那么，立即就会产生这样的结果，即不单是那些得到国有土地受益权的工人的生活条件本身将会改善，而且还会为其他人创造更好的经济条件。在今天我国大部分地区农业人口的数目都在减少的时候，上面提到的那些措施将使农村经济能够养活比现在还要多得多的人口；并且，对劳动力的需求的增加，可能会使那些今后还要在私人雇主那里找活干的工人的工资获得提高。此外，丹麦社会民主党还将努力通过其他种种新的经济活动来改善农业工人的社会状况。关于这个问题我们在下面还要谈到。

上面建议的这些措施极有可能使向生产社会化过渡变得更为容易。被授予国有土地受益权的那些农业工人所获得的较好的社会条件，会使这种制度扩大，使它包括的范围越来越广。甚至在私有财产主那里也能赢得这种制度的拥护者，因为他们当中许多人的财产状况——正如我们往后会看到的那样——将受到极大的限制，以致私有财产对他们来说已丧失其最重要的意义。在这种制度中将立即出现建立在最牢固的基础之上的整个生产的合作化，原因在于，这样一种生产方式必定会带来大得多的经济效益；原因也在于，一般说来，只有按照合作社的劳动计划实行经营的制度才能经受得住考验，才能创造出丰富的好经验。

当前国家对财产及其所有者的态度

上面已经提到，丹麦的地产承担着大约17亿克朗的抵押债务。这笔抵押债务在继续增加，只要地块还有足够的价值使提供的贷款有足够的安全保证，这笔债务增加的势头就会长期保持下去。抵押债务增加的最根本的原因是地块从一个占有者手中向另一个占有者手中的转移，这种转移有的是通过买卖来实现的，但有的是通过另外的方式来实现的，也就是说，**通过继承的方式**来实现的。今天，如果一个土地所有者去世时留下好几个孩子，那么，那个继承父亲的全部产业而不把它分给别人的孩子，照例必须举借一笔新的抵押贷款，以便能够把其余的子女各人应得的一份遗产支付给他们。

土地抵押债务就这样不断增加，于是，真正的产权就越来越多地从它的所有者手中转移到贷款提供者——银行和其他资本家——手中。所谓的所有者越来越多地只保留着名义上的所有权，只要付不起利息和交不出税款，他们的所有权就会立即丧失。通过这样的方式，他们越来越多地沦为租地农民，这种农民用每年偿付一定的款项（利息）的办法所获得的东西，不过是已成为他们的沉重负担的地产的受益权而已。

宣传对当前农业企业中的所谓的财产状况的真正的认识，必定会使社会主义更加容易地在农业人口中赢得同情和支持。通过这种宣传人们会认识到，"社会党人想夺走农民的土地！"这一陈词滥调不过是一句蠢话，而实际情况却是：夺走农民土地的正是日复一日地在农民的地产中打开越来越大的缺口的资本家。其次，农民还会认识到，土地转变为合作社财产的目的绝不是要**剥夺**农民的财产，而是要使农民以公民的资**格享受**他们对土地享有的天然权利，也就是说，让他们分享合作社的共同财产，而这是社会主义的最基本的目的之一。

因此，在情况已经如此——即土地的实际所有权通过抵押的方式转入私人资本家手中——时，丹麦社会民主党认为，国家现在就已经能够用建立土地抵押银行的办法使这些资本家成为多余的。土地所有者现在试图从资本家那里得到的帮助，他们随后从国家那里也可以得到，而且他们完全有希望以比从他们现在的"帮助者"那里获得帮助的条件公平得多的条件，从国家那里获得必需的帮助。如果国家通过这种银行成为抵押土地的所有者，那么，它也就会起到我国土地的真正所有者的作用，就像今天私人资本家所起的作用那样。在这种情况下，土地普遍转化为合作社财产就只是一件无须费多大周折就可以办到的事情。

为了改善目前的状况，丹麦社会民主党同时还要求国家尽量购买土地，而且国家处置以这种方法获得的土地的方法，应和处置那些由于改良土壤或者由于废除地主和神职人员的特权而转归国家所有的土地的办法一样。

这些要求和我们在上面详细地阐述过的观点是一致的，这个观点所持的出发点是，应尽量没收私有地产，并按照我们建议的办法把没收来的地产变成合作化生产的基础，做到土地收益必须归促进生产的劳动者所有。

关于改善农业工人生活状况的其他建议

缩短劳动时间

丹麦社会民主党根据自己的纲领提出的一项要求是规定最大限度的工作日。与国际工人代表大会的决议一致，我们要求把8小时作为最大限度的工作日的标准。我们党把它作为目标，向丹麦议会提出了关于实施8小时工作日的法律草案。考虑到农业工人的情况，在法案中我们的要求是这样表述的：

"第2条 在第1条第1款中提到的劳动时间（8小时）也适用于其他行业，例如在农业、林业或挤奶业中干活的、年龄超过14岁的男女工人（包括帮工和学徒工在内）。不过，农业中的家务劳动和下面这些同农产品的生产直接有关的劳动除外，如耕地、播种、饲养牲畜、收割草料和庄稼、把收获的产品运回家和把泥炭运回家等。

相反，在第 1 条第 1 款中提到的劳动，如修路、施肥、排水、开采泥炭、挖沟开渠等，则应遵守 8 小时制度。"

"第 5 条　应在内政部的主持下，尽快听取对第 2 条中所提到的那些例外情况的报告的意见，以便确定在上面列举的那几类劳动中可以把劳动时间限制到何种程度的细则。这些细则随后应通过法律确定下来。"

由此可见，尽管一部分从事农业的工人每天劳动的时间现在就已经能够限制在 8 小时以内，但是在人们就各行各业能在多大范围内实行 8 小时工作日一事作出决定之前，我们还得征求许多专家的意见。我们之所以提出这个建议，是因为在一定的季节需要完成某种劳动（例如收割庄稼的劳动）时，气候往往会起妨碍作用，因此，如果刻板的法律规定必定会使个人或全体的大量财富有遭到毁坏的危险，那么这样的立法是不可能获得通过的。所以，我们认为，必须尽可能精确地确定，气候条件对于工作日的标准化有什么样的影响。仔细的研究肯定会证实，8 小时工作日对于绝大多数从事农业的工人来说一般是行得通的，延长劳动时间只是在个别特殊情况下才有必要。在瑞典，由于私人倡议（主要是根据工人方面的要求），许多庄园每天的劳动时间限定为 10 小时和 11 小时。由此可见，把劳动时间限定为一定的小时数，这一原则已被承认是行得通的，至于究竟应限定为 8 小时还是 10 小时，这个问题只有次要的意义。在大多数情况下，有效率的劳动力的增加能够解决这一问题。

在我们提出的法律草案中，我们要求上面提到的征求专家意见的会议应由国家出面主持，原因在于，国家拥有私人所缺少的手段，这样可以用最好的、最可靠的方式进行必要的调查。不言而喻，这一要求并不妨碍我们党在此之外进行深入细致的调查，以便加速解决这个问题。

劳工保护

除每天的劳动时间之外，在丹麦社会民主党的纲领中提出了如下与劳工保护问题有关的其他方面的要求：

"通过工人协会和仲裁法庭对劳动和工资的情况进行监督，以便调解雇主和工人之间的纠纷。

目前被置于特殊法律管辖之下的仆役、海员和其他同胞，在政治和法律方面应和其余的公民受到同等对待。

禁止在星期日、节日和夜间加班，国民经济的利益并没有使之成为必要。

对工人住宅和安排给工人停留和睡觉的地方进行卫生检查。

由工人选出的人员对工作场所，即工厂、作坊和经营场所以及商业和渔业的运输工具进行监督。"

这些有关一般的劳工保护的要求，当然也适用于农业工人，不过除此之外，党纲里还为农业工人提出了在这个报告中已经加以阐述的如下要求：

"国家制定一套修建出租住宅、出租房屋和佣人居室以及有关其使用和对其进行适当监督的制度。"

在党纲中提出这个特别用来保护农业工人的要求并不是没有多大意义的。从居住条件方面来看，我国的农业工人比工业工人的境况还要糟糕得多，因为他们的住宅大部分都极其简陋。丹麦政府 1875 年建立的工人委员会在一份备忘录中承认，同大量农业工人不得不租赁来居住的无数简陋的住宅相比，在农村较好的工人住宅的数量简直是微不足道。委员会还承认，一大批农业工人今天的居住条件比上一代人的居住条件还差,住得比他们还挤。

因此,农业工人的居住条件不仅没有得到改善,反而变得更差了。不仅上文已经谴责过的那种东倒西歪的老房子条件很差,就是新房子也如此。在《丹麦统计学》这本学术著作中,丹麦缺乏一项农村地区建筑法的事实得到强调,目的是借此来要求更多更好地建造主要用来出租的房屋。该书谴责目前正在农村建造的出租房屋,说它们"往往是不负责任地粗制滥造的产物"。工人委员会关于这类房屋的评语是,所用的材料是劣质的,建筑地点也选择不当,因此,房屋往往建筑得很糟糕,毫无舒适可言。

这些指摘表明,一部分——可能大部分——农业工人的住宅非常糟糕。它们是用劣质材料建成的,由于它们不讲求实效的安排以及建筑地点的不卫生,对工人的健康非常有害。不仅如此,这类房屋还有更大的害处。大庄园主们往往利用收回出租房屋作为一种强制手段,来把那些由于采取了独立自主的行动而遭到主人忌恨的工人逐出家园。这种做法对那些为庄园主当固定长工、作为他们的报酬的一部分允许他们在一间属于庄园的所谓雇工房居住的工人来说,是特别不利的。这类房屋在全国都遭到人们的切齿痛恨,因此被称为"奴隶制牢房"。

为了根除这种现象,丹麦社会民主党要求对这类房屋以及在它们的使用、建筑和安排的安全细则方面进行有效的监督。这种监督是极其必要的,没有人会反对这一点。

教育事业

丹麦农村地区的教育事业处于极其恶劣的状况中,而农业工人的贫穷自然更加剧了由此产生的弊端。

学生在公立学校受教育,公立学校受乡镇监督。在这种学校里,一名教师不得不在非常糟糕的教学条件下，给多达100名不同年龄的儿童上课。过去，全部农村居民中的儿童都上公立学校；但最近几年，大多数公立学校只有农业工人的孩子才经常光顾，而农村有产阶级现在已经为有产者子女修建了自己的学校。由此造成的后果是，受有产阶级代表控制的乡镇更不愿意考虑如何改善公立学校的状况了。

举出如下的例子，证明乡镇对公立学校的领导是何等的不力，态度是何等的恶劣。

有一个乡镇，年龄已经适合到公立学校去念书的儿童有100名，可是这个乡镇却只有一位老师来给所有这些儿童授课。于是它接到文化大臣的指示，要扩大这所学校，还要聘请第二位老师。然而它却拒绝服从这个指示：它告了这位大臣一状，并在国家最高法庭上打赢了这场官司。由此可以断定，乡镇有权让100名儿童在一所学校里由一位老师来授课。不言而喻，把持着乡镇的有产阶级的代表会利用这个权力。要知道在公立学校受教育的不是有产阶级的孩子，而只是农业工人的孩子！情况就是这样。很明显，乡镇宁愿节省开支，也不愿让工人的子女受到正规教育。

每一个人在心里都会想，像一名教师必须给100名儿童授课这样的教学，是不可能取得什么特别的效果的，即使这种状况还没有因为下述原因而进一步恶化，即农业工人由于贫穷不得不耽误他们孩子的上学机会。一个有好几个孩子的农业工人，仅靠他那点少得可怜的报酬，是无法维持他自己和他的家庭的最低限度的生活的，因此，他不得不让他的孩子们去给农民干活，通常是照看牲畜，以便挣一点钱来弥补家用。他们上学的时间自然要减少到最低限度，以便在农民那里尽量多干些活。结果自然造成了这样一种情况：儿童受教育的机会越来越少。而使这种情况变得更为严重的是，宗教课又占据了儿童剩下的那点上学时间的绝大部分。

考虑到教育事业的状况，丹麦社会民主党在这方面提出以下要求：

"教育事业应由国家承办。实施全日制的、免费的、公共的和义务的（强制性）教育。国家免费供给每个儿童充足的伙食，并成立儿童教养院。宗教课应放到校外进行。"

仅仅扩大义务教育的范围是不够的，因为农业工人的贫穷是造成这些恶劣状况的原因之一。正是贫穷迫使农业工人把他们的孩子送到农民那里去干活，而不让他们上学。如果我们现在增加课时，使儿童不能靠做工来弥补家庭的生活费用，而不同时朝着相反的方向采取预防措施，那么这样做必然会使农业工人的经济状况更加恶化。因此，丹麦社会民主党要求：在增加课时而且是由国家负担经费增加课时的同时，还应在学校中免费为儿童提供伙食。这样才能实现既改善农业工人的经济状况，同时又使儿童在德智体方面受到较好的、健康的教育的目的。

病人护理

不言而喻，在因生病而不能出卖自己的劳动力时，农业工人本来就拮据的经济状况还会变得更糟。他的经济条件只允许他在最低的程度上参加医疗储金会。在丹麦的全部农业工人中，只有不到30%的人是医疗储金会的会员。反过来，农村医疗储金会在农业工人生病时照例只付给他们一笔很小的医疗费，最主要的原因是，这些参加医疗储金会的农业工人太穷了，因此不能缴纳足够高的会费。

此外，在农村不管是请医生看病的机会，还是药房和医院都非常少。1880年哥本哈根平均每819个居民才有一名医生，每120个居民才有一张病床。全市共有10家医院和16家药房。全国各地平均计算，每3341人才有一名医生，每 $5\frac{1}{2}$ 平方丹麦里才有一家药房，每 $8\frac{1}{3}$ 平方丹麦里才有一家医院，每902人才有一张病床。自1880年以来，这些数字没有发生任何重大的或惊人的变化。仅仅由于这个原因，急需治疗和药物的病人就会遇到特别巨大的困难。在我国许多地方，住院治疗几乎是不可能的。同时必须强调指出，无论是医生还是药房和医院，都分布得很不均匀。正像哥本哈根的情况相对说来比全国其他地方都要好得多一样，各州首府的情况又比农村地区好得多，尤其是比较偏僻和人烟稀少的地方情况最糟。

丹麦社会民主党要求组织全国性的公共保健和病人护理，力图以此来改善这种状况。为此，它制定了一个法律草案，该草案规定，必须在全国各地建立必要数量的设有药房并配有接病人用的运输工具的医院，病人应能就近得到医治。医疗机构的设置必须做到在全国各地每两家医院之间的距离不得超过一丹麦里。在较大的地方，除了医院而外还应设立医疗站，病人随时可以在那里就医。一切医疗救助、一切药物和医院护理都应由国家免费提供，家境贫寒的病人连同他们的家庭一起每天都应得到救济金。

为实现这些建议，国库每年所需的经费应通过实施累进所得税来筹集。

老年人的赡养

不言而喻，无论工业工人还是农业工人，随着年龄增大都会逐渐衰老，以致全部或部分丧失其劳动力，连自己都无法养活。同样不言而喻的是，没有一个工人能积攒足够多的钱，使他能够安度晚年。工人在年轻的时候所挣的工资，几乎总是点糊口费，它几乎不够用来过合乎人的尊严的生活，因此，积攒一笔钱来作为将来的养老金是根本不可能的，不管人们现在设想用什么方式来进行这种积攒——是一切都由工人自己单独去挣，还是假定国家或别的什么机构会给工人积攒的资金提供一些补助——都是不可能的。

根据这些以及我们在这里未能详细论证的其他理由，丹麦社会民主党要求，国家应向一切穷苦的人提供人道的老年赡养，而不以工人或穷苦的人必须多多少少有些积蓄作为享受赡养的条件。对老年人的赡养必须按照这样的方式来组织，即在通常的情况下向为赡养老年人而设立的机构提供实物形式的生活费用，同时，具有受赡养资格的老年人有权选择不去这种机构，而获得并自由使用如果他们去赡养机构国家将供给他们的那笔生活费用。国家用于以这种方式组织起来的老年人赡养的经费全年估计约为1600万克朗。像社会民主党所要求的病人护理费用一样，这笔钱同样可以通过征收累进所得税来筹措。

结束语

除了如上所述的在当前社会条件下为改善农业工人的经济状况而提出的要求（其中部分要求的目的是既改善农业工人的状况，也改善工业工人的状况）之外，丹麦社会民主党还提出了其他一系列要求。如果这些要求得到满足，工人的整体状况将得到改善，因而这种改善也将有利于农业工人。不过，由于我们在前面已经阐述了特别是与农业工人的经济状况有关的那些要求，因此必须说明，社会民主党想用来给公共社会生活指出一种将使贫困阶级的状况得到改善的方向的那些手段，自然会涉及当前的问题，同样也不会不对农业工人状况的改善产生影响。

与此同时，丹麦社会民主党完全清楚，如果它要成功地实现本文中提出的以及那些在这里尚未提到的要求的话，它就必须拥有实力。不过同样不容忽视的一个可能性是，一旦它拥有能使它的要求受人重视的实力，它大概就不会局限于对在这里提到的那些方面作出的安排，相反，它必定会要求对社会机构进行更深入彻底的变革。最后，丹麦社会民主党决不会忘记这一点，即唯一能够使完美的社会状态实现的一切，都是同生产资料转化为公共财产，同合作化的、纯粹社会主义的生产方式的建立联系在一起的。

在丹麦，社会民主党做的工作越来越多，它在不停地向前迈进，并且离作为实现它的要求的先决条件的那种实力地位越来越近。尽管我们在丹麦遇到了像在其他国家也会遇到的阻力，但我们党的影响还是在不断扩大，并同民众加深了联系。

在1890年夏天于哥本哈根召开的党代表大会上，我们的党组织包括109个政治团体（共约1.4万名成员）和281个行业协会（共约3.1万名成员）。属于我们党的政治团体有10个在哥本哈根，约有0.6万名成员；有35个在各州首府，约有0.5万名成员；有64个在农村，约有0.3万名成员。行业协会中有64个在哥本哈根，约有2万名成员；有200个协会在各州首府，总共约有1.1万名成员。

自从最近一次党代表大会（1890年）召开以来，丹麦社会民主党赢得了大批拥护者，**尤其是参加我们组织的农业工人的人数增加了一倍多**。

在此必须一再指出的是，和我们党观点一致的人，比正式参加我们组织的人要多得多，这是因为贫穷、社会不公、雇主施加的压力等使大批工人不能参加组织。下面的例子清楚地说明了这一点：

在最近一次福克庭（众议院）选举中，我们的一位同志（哈拉尔·延森）在一个县（奥胡斯州第三选区）获得了胜利，因此该县参加福克庭的代表现在是一个社会民主党人。在这个选区，社会民主党组织的成员只有400人，但是，我们的哈拉尔·延森同志在选举中却以700张投给社会民主党人的选票而获胜。如果我们想一想，在丹麦只有年满30岁的人才有选举权，而在上面提到的那个县，以社会民主党名义所投的票数几乎超过当地有组织的党员人数的一倍,那么,我们马上就会明白,我们党在农业工人中的影响比有组织的党员人数所表明的要大得多。

丹麦社会民主党负责人
彼·克努森

西班牙工人党的报告

我们党在西班牙实际上是由几乎分布在伊比利亚半岛一切地区的29个团体组成的。

在去年5月工人们举行了对我国来说极其重要的示威游行之后,党的力量大大增强了。在最近一次立法选举期间所进行的宣传,对这个结果的出现起了很大的作用。在这次选举中,我们尽管几乎完全没有资金,没有预先成立的、比较有效的选举委员会,还是获得了5000多张选票。

在最近一次市政选举中,在毕尔巴鄂有4名社会主义工人候选人当选了,在阿沃莱达(在比斯开矿山)有1人当选。

目前,党出版的报纸有4种:《社会主义者》,在马德里出版;《社会战争》,在巴塞罗那出版;《人民呼声》,在阿利坎特出版;《阶级斗争》,在毕尔巴鄂出版。这4种报纸都是周报。

尽管抵抗组织即各协会和行会联合会没有参加党,但党还是用一切可能的手段,尤其是在罢工中向它们提供帮助和支持。

我们有一个"劳动者总同盟",抵抗力量的一切联合会或协会都被吸收参加了这个同盟。还有4个行业联合会,即毛纺织工业工人联合会(手工织布工人、纺纱工人等)、锁匠联合会、木桶匠联合会和印刷工人联合会,后一个联合会加入了"劳动者总同盟"。

这个同盟被要求在近期内支持抵抗力量的大部分协会。

至于劳动和劳工保护制度,在西班牙正有待建立。这里刚刚有了工人立法。1873年在共和国期间通过的关于童工的法律，从未付诸实施。

参议院刚刚批准规定星期日休息的法律草案。草案主要是受宗教精神支配的。直到下次会议之前，这个草案将不提交众议院讨论。

政府在几年前成立的、丝毫没有进行过任何改革的社会改革委员会的赞同下，起草了两个尚未提交议会讨论的法案：一个是关于女工和童工的法案，另一个是关于工伤事故的法案。

此外，在西班牙还有十分严重的农业和工业危机，以及这种危机带来的后果——缺乏劳动力。我们将懂得，西班牙工人会很容易接受社会主义学说。所有资产阶级政党，无一例外地都声名狼藉和不得人心了，这大大有助于这种对我们力量的发展壮大完全有利的形势的形成。

书　记
帕布洛·伊格列西亚斯

关于美国犹太无产阶级中的社会主义工人运动的报告

我们的组织叫"犹太人工会联合会"(United Hebrew Trades),因为所有会员都说犹—德方言。

我们是从我们有组织的德国同志那里采纳这个名称的,他们有一个叫做"德国工会联合会"的工会中央组织。

同德国工会联合会一样,我们的组织不同于宗教组织和民族组织,只是由于所有会员都使用的语言才采纳这一名称的。

这个联合会的所有工人都同时属于"中央劳工联合会",这是美国人、德国人等激进的联合会的主要中央组织。

目前,美国有3万多犹太人组织在讲犹太语的工会中。但是,按照各自不同的职业参加各美国工人联合会的犹太工人的数目还要更多些,当然还没有一个精确的统计。

社会主义工人运动在犹太人中刚开始;但是,在相当短的时间里,却已取得了巨大进展,获得了一些辉煌的成就,并且引起了美国和德国工人的重视,甚至热情的支持。

成千上万的俄国、罗马尼亚、匈牙利的犹太人来到美国,除了少数的例外,大都加入了无产阶级行列,并且成了组织起来的工人中最忠诚的反资本斗士。

几乎所有与服装业有关的职业都让犹太人占了。因此,这些职业所有的联合会或工会几乎无一例外都是由犹太移民组成的,他们除了犹—德方言外,不懂其他任何语言。

他们现在所进行的斗争就是反对克扣工人工资的血汗劳动包工制度。雇主利用这种包工制度，并且利用他们语言不通，付给他们低于正常的工资，并且迫使他们接受延长工时的工作。

最近20年来，美国工人运动史中劳工反对资本的最重大的斗争，都是由犹太工人发动进行的。

例如，最近"大衣工人联合会"（由8500名成员组成）发动了一次反抗雇主的罢工，身家百万的雇主们成立了雇主协会，坚决要拖垮工人联合会。

罢工持续了14周。工人已完全没有收入，尽管他们看到所有资本家的报刊都制造舆论反对他们，但仍然一致表决继续罢工，表示宁愿饿死，也不在他们的权利得到全部满足之前退却。

凭借这样的英勇气概，罢工者的目的完全达到了。

资本家一个个来到联合会的书记处签字接受工人提出的条件。雇主联盟被击败了。当英勇的大衣工人们庆祝自己的胜利时，受到了各个城市和讲各种语言的伙伴们的热情祝贺。

这次罢工是去年美国最大的一次工潮。但这次事件并不是单独的。纽约以及费城、波士顿、芝加哥等城市的约37个犹太工人联合会都曾发动过类似的罢工，除了一次例外，所有罢工都取得了胜利。

他们反对血汗劳动包工制的运动并不是不见成效的，最大的一家大衣厂已被迫取消了这一制度。

其他工厂作出了一些较小的让步，所有的工厂都被迫承认了工会。

我们的近期目标就是为犹太工人争取同美国工人相等的经济待遇，我们可以期望在不久的将来实现这一目标。

但是，我们也遇到了巨大的困难。

资本家雇主们注意到他们的联合在组织起来的工会面前被粉碎了，注意到他们的百万财富在斗士们的团结力量面前不起作用，于是就开始求助于政治措施。

于是，检察官、警察等美国资本主义的忠实走狗就设法歪曲现行的法律；工会最合法的行动都被借用判例而受到攻击。

这里举出一些最突出的例子。怠工抵制被指控为"阴谋"；在劳资双方同意的情况下雇主作出让步并支付赔偿，工人却被追究为"勒索钱财"。

警察开始了一系列逮捕，被捕者遭到最野蛮、最荒唐的起诉。

所有的报纸都在议论这些事件，其他行业的资本家雇主也开始仿效他们的同伙的榜样。

形势要求进行政治斗争，因此，现在一些最保守的工人的工会也被迫考虑必须同资本家进行政治斗争。

犹太工人在学习英语，并迅速与他们的美国工友打成一片。但是，由于这些工人中大部分还不懂这个国家的语言，他们出版了自己的报纸《工人报》。该报拥有8500个订户，它不仅能支付自己的费用，还有积蓄来出版一些社会主义小册子。人们准备出版一份同样的俄文报纸《进步报》。

战斗的社会主义的犹太工人加入了美国社会主义工人党，这个党在一些城市中有美国人支部、德国人支部、法国人支部、佛拉芒人支部和犹太人支部等。

在美国的8个城市中有8个这样的犹太人支部。

在这些工人中，有一些参加了俄国革命的社会主义运动，他们是这个运动的最忠诚、最热情的朋友。

以所有这些工人的名义，向讲其他语言的工人致以兄弟般的敬礼。

出席布鲁塞尔国际代表大会
的美国犹太人工人代表
阿·卡恩

法国工人党的报告

参加巴黎国际代表大会时，法国工人党已分裂成一些地方小组或区域小组，它们之间除了纲领是共同的之外，没有别的联系。1884年后，再也没有举行过全国代表大会；1885年后，中央机关报也不复存在！

加来、里尔、鲁贝、蒙吕松、阿尔芒蒂耶尔、科芒特里、波尔多、兰斯、图尔宽、圣康坦、特鲁瓦、里昂、圣法尔若等地的代表不等代表大会结束，便在7月19日的全体大会上宣布在巴黎成立一个临时全国委员会（随后举行的1890年10月里尔代表大会确定了它的权限），该委员会由7名在全国代表大会上选出的委员组成。委员每年改选一次。

在里尔举行的全国代表大会把一条总则补充进了从理论上把我们全体党员联合起来的纲领中，这条总则规定，向每个党员颁发每年更换一次的党员证，党员必须每月缴纳5生丁党费。

自从在党的不同派别之间恢复了经常的、必要的关系之后，党组织的人数显著增加，重要性明显提高。1889年，党包括145个政治小组或工会小组。从1890年10月起，派代表参加里尔代表大会的政治小组和工会小组已有231个。

自从新的团体在阿莱斯、鲁昂、特鲁瓦、索特维尔、马罗讷、埃尔伯夫、达尔内塔勒、鲁贝、博瓦、科德里、大弗雷努瓦、富尔米、维涅耶等地成立或合并以来，我们在布鲁塞尔国际代表大会上代表的这类组织和第一线的力量，几乎已增加了两倍，包括北部省、加来海峡省、埃纳省、马恩省、奥布省、下塞纳省、阿列省、卢瓦尔省、罗讷省、加尔省、埃罗省、罗讷河口省、奥德省和吉伦特省的大工人中心在内。

有两年，党只是在北部省拥有一家周报，现在党拥有的报纸除了中央的《社会主义者》报以外，还有6家区域性报纸：

里尔的《劳动者呼声》；

圣康坦的《保卫劳动者》；

鲁昂的《诺曼底社会主义者》；

科芒特里的《警钟》；

波尔多的《社会问题》；

马赛的《斗争》。

最后，党在里尔创办了一家印刷所，我们的大部分报纸都是由它排印的。它已经出版和再版了几千份报纸和大量宣传性小册子。

* * *

在1889年的立法选举中，我们只有两个同志当选为议员，即奥德省提名的费鲁耳和阿列省提名的蒂夫里埃；但在加来、马赛、里尔、鲁贝、蒙吕松、塞特、里昂等地，我们却以2000张至3000张不等的选票获得了重要的少数派地位。而且这个地位是在有人认为我们党在布朗热分子和反布朗热分子这两派互相厮打的资产者中间被压垮了的时候争得的，对于这两派人，我们不打算区别对待，而以同样的名义与他们作斗争。

我们和中央革命委员会共同起草的致劳动者的宣言，在8个省中赢得了15万多人的拥护。这个宣言说："在资产阶级共和国里，像在君主制度下一样，使你们遭受痛苦的唯一祸害是资本主义封建制，为了它，机会主义者或激进派今天正在进行统治；为了它，布朗热曾经进行统治和大砍大杀。只有社会主义共和国才能通过剥夺权力和资本的占有者而获得成果，费里不能，布朗热也不能。"

今年在部分立法议员的改选中，我们的两个候选人在下塞纳省按照党的纲领竞选，获得了4000多张选票。

在省议会和市议会部分议员的改选中，我们已经获得了更加有利的结果。在加来，我们有一个候选人以2673票当选省议员；另一个候选人在科芒特里以2319票当选省议员；一区议员在蒙吕松以2042票当选；另一区议员在里尔以1500票当选。在塞特和马赛这两个地方，我们的竞选失败了，我们的候选人分别以1389票和1150票的记录落选。

在塞特，我们党在市参议会中占有多数议席。在罗阿讷和纳博讷，情况也是如此。在罗阿讷，我们党的两个积极分子已当上市长的助手。在纳博讷，参议员们（除一人外全是社会党人）把一位国会议员即公民费鲁耳送进了市政府。

在科芒特里，党已经控制了市参议会。另一方面，在鲁贝、加来、蒙吕松、圣埃卢瓦-莱米讷、马基斯、许姆布勒、马利科讷、朗基埃、代勒以及其他方的市参议会中，都有党的候选人当选。

在博丹、布瓦耶、库蒂里耶等地，党的议员即使和其他当选的社会主义者联合起来也只占微弱的少数。在这些地方，党的议员只能进行质询，提出法案，或者在讨论草案时提出修正案。

根据巴黎国际代表大会的决定，自1889年以来我们已把大会上通过的劳工保护立法草案完整地提交议会审查。

我们提出的其他一些草案包括下述各项倡议：

1. 取消老板窃据的对工人进行罚款和修改车间工作条例的权力；修改工作由地方劳动委员会进行，这个委员会的委员工人、老板各占一半；

2. 用从工资中扣除的罚款设立的（不管雇主同意提供多少）或作为来源的救济基金和互助基金全部交给工人自己管理；

3. 禁止在资本主义生产方式造成的冲突中使用军队；

4. 制定惩处雇主妨碍工人根据1884年的法律成立工会或妨碍工会发挥职能的行为的刑法；

5. 在最高劳动委员会中，工会、劳动介绍所和其他合作组织选出的委员至少应占一半；

6. 在由国家收回和经营的火柴厂中，劳动条件是：八小时工作日，规定最低工资额（男女工人一视同仁），禁止雇用12岁以下的童工；

7. 从获得特许权的公司手中收回的、由这些公司雇用的劳动者在公司的监督下和为了公司的利益而经营的煤矿，交给国家支配。

最后这一个由费鲁耳提出并被列入议事日程的提案，在讨论关于圣艾蒂安发生的灾难事件时，获得了63票赞同。

党的议员针对政府提出的关于管理童工、未成年女工或成年女工的法律草案提出了很多修正案，由于议会的偏见，其中没有一条获得通过。

这些修正案是：（1）允许参加工业劳动的童工年龄从12岁提高到14岁；（2）把家庭商店和作坊（不管它们的劳动方式如何）纳入受未来的法律约束的机构中；（3）宣布绝对禁止夜班和每周必须休息一天；（4）对于地下工厂以及一般工厂和作坊，分别委托保护青工安全的代表，以及由男女工人在那些经过竞选后被宣布为有资格当选的人中直接选举出来的视察员负责执行法律。

这个在男女工人不分性别一律享有普选权的基础上改组监察机关的提案，当时获得了109票。

* * *

"鉴于按行业把工人组织起来对于抑制资本家剥削是必要的，这对组织社会生产将是一个有力的推动。"里尔全国代表大会已敦促全体党员登记加入他们各自的行业所属的工会，以便在那里传播社会主义思想，并吸收拥护党的纲领和政策的人入党。

这个敦促并没有变成一纸空文。在所有的地方，党员不仅把他们各自的工会重新联合起来了，而且还尽了最大的努力来建立行业联合会和联盟。

这些努力已产生的结果是：卢瓦尔省和罗讷省的纺织工人成立了区域联盟，再过几个月，通过在里昂召开的纺织业全国代表大会，它将发展为全国联合会。

另一个全国联合会，即全国机织花边工人联合会，由于德勒克吕兹和萨朗比耶发起的运动，正取得顺利进展；加来－圣皮埃尔的织罗纱工人成立了工会之后，就和朗格朗的织罗纱工人一起推动科德里和圣康坦的同行们组织工会和成立联合会。

另一方面，在党的全国委员会的支持和协助下，商业海员、海上渔民和其他劳动者在马赛召开了第一届全国代表大会。这次全国代表大会是法国全体登记注册的海员即将成立的全国联合会的序幕和保证。

矿工也是我们工作的对象。由于阿列省各党小组的热忱和忠诚，矿工全国代表大会终于于3月在科芒特里举行了。参加这次大会的有卢瓦尔、加尔、上卢瓦尔、伊泽尔、阿列、索恩－卢瓦尔、克勒兹和多姆山等省煤田的代表。这次大会为全国组织的成立奠定了基础。这个全国组织已在几天之后在巴黎召开的国际代表大会上得到确认，过不了多久，它就会扩展到北部省和加来海峡省。

* * *

党深信，正像我们的德国兄弟的纲领草案说得很好的那样，"劳动的解放不是一个地方问题，而是一个社会问题"，这个问题的解决需要一切国家的劳动者协调一致和合作。为此，党努力加固团结的基础，这个基础应当超越国界把各国工人阶级联合起来，在越来越大的程度上把它们变成一支单独的、统一的大军。

因此，在向孚日河彼岸的社会民主党人馈赠一笔小小的捐款以支援他们反对帝国及其非常法的竞选活动后，党又决定派遣——这引起了我国资产阶级沙文主义者的一阵狂叫——两名全国委员会委员出席德国社会民主党的哈雷代表大会，以便在两国政府的对抗面前证实两国无产阶级的团结，并高呼：德国工人万岁！

同样，我们曾派遣我们的对外联络书记前往伦敦，以便在1890年5月3日的海德公园群众大会上发表演说。后来，在不可能参加英国煤气工人和杂工联合会首届代表大会和奥地利社会党最近一次代表大会的情况下，我们托人在都柏林和维也纳代表我们向大会表示支持和祝贺。

党在国际上不单是进行了这些政治活动。从联合的观点来看，它使法国的工人组织和外国的工人组织建立了联系，使它们一起投入了同样的、持久的斗争。

例如，当去年10月加来的织罗纱工人罢工的时候，有一位党员，即公民勒塔约尔，到英国去向诺丁汉的织罗纱工人和海峡对岸的其他工联组织募捐。这些捐款对迫使雇主投降作出了不小的贡献。

又如，后来当曼宁汉宣布举行罢工的时候，党荣幸地看到，这次轮到加来的织罗纱工人履行自己的国际义务，他们决定，为支援英国同伴，每人每周捐献50生丁。

在里昂玻璃制造工人罢工期间，我们的对外联络书记，即公民拉法格，充当了法国工人抵抗力量和英国工人声援运动之间的联系人。

当几个月前英国煤气工人和杂工联合会提出"由各国任命的国际劳工书记，以便在同资本发生冲突时，劳动者马上就能了解情况并能考虑怎么办"的问题时，党迅速作了肯定的回答，并不失时机地为未来的国际工人组织的成立奠定第一块基石，即委派我们的积极分子、加来海峡省议员德勒克吕兹公民代表法国参加"国际劳工书记处"。

* * *

在巴黎国际代表大会上，我们曾提议，"在1890年5月1日组织大规模的国际性游行示威，以便在一切国家和一切城市，工人们都在同一天里向执政当局提出通过立法把工作日缩短为八小时的要求。"①。我们已经在全国范围内作了这种游行示威的小规模的尝试。

1889年2月10日，根据我们的波尔多和特鲁瓦代表大会的两次决议，在我们建立了组织的各个地区，代表们都纷纷强烈要求当局赋予多年来历届工人代表大会提出的改革要求以法律效力。为此进行的鼓动产生了巨大的效果。

但是，如果说过去发生的事情是令人鼓舞的，那么，谁也料想不到，"国际团结精神"的第一次"见诸行动"在法国会有这样大的规模，料想不到它必然对法国工人运动和社会主义运动产生的影响。

在100多个大城市，群众向执政机关派遣了确实使它们惊慌失措的代表团（这些代表团使人想起上一世纪的革命"请愿团"，并且是它们的后继者）。代表们在群众的护送下出现在议会、省政府、县政府和市长官邸。在马赛，护送的群众有5万人；在里昂，有4万人；在鲁贝，有3.5万人；在里尔，有2万人；在加来，在波尔多，在圣康坦，各有1.5万人；在兰斯，在特鲁瓦，在圣艾蒂安，各有1万人；在科芒特里，全市的居民以及邻近的一些区的劳动者都出动了；在蒙吕松，在土

---

① 参见本书第14卷第218—219页，引文与原决议略有出入。——编者注

伦，各有0.6万人，等等，走上大街的游行者总数在40万人以上。

巴黎国际代表大会并没对庆祝1891年的五一节作出规定。这次庆祝是由我们党的里尔代表大会和工会加来代表大会自己决定的。庆祝活动搞得轰轰烈烈、丰富多彩。

甚至那些拒不参加去年的示威游行、认为这次示威游行是由马克思主义者搞起来的并进行顽固反对的人，也勉强参加了今年的示威游行。尽管1890的游行是和平的，尽管组织者一再声明"我们只是采取足以对执政机关施加压力的合法行动"，有产者和统治者还是只有动员所谓的国民军来反对工人阶级，派军队占领大城市和一切工业中心，才感到高枕无忧。

1891年5月1日，群众向巴黎的议会派遣了一个由1000多个工会团体和社会主义小组的代表组成的国民代表团（议会拒绝接待它）。代表团成员共有28人，他们来自罗讷河口省、奥德省、吉伦特省、卢瓦尔省、阿列省、下塞纳省、加来海峡省、北部省，等等。加入他们的行列的还有一位下院议员，公民肯宁安－格雷厄姆。这一天是"英法两国劳动者在争取法定国际八小时工作日的斗争中积极联合的证明"。

这一天，骑兵队在各省横冲直闯，逮捕和判决逞凶肆虐，最后以"富尔米的大屠杀"而达到顶峰。

受法国工人党委托

书记　**茹尔·盖得**

法国革命社会主义工人党的报告

——致出席布鲁塞尔代表大会的公民们

公民们:

我们有幸向你们尽可能简短地说明一下法国革命社会主义工人党的起源、结构、策略和目标。

公社①失败和各个"国际"支部解散后,许多有阶级觉悟的法国工人被屠杀,被送到海船上服劳役,被监禁,被流放,有些人被迫保持沉默。因此直至1878年我们才能重新成立一个比较稳定的组织。

几个月以后,在马赛代表大会(1879年9月)上,法国工人党坚决反对富有的、占统治地位的资产阶级,它主张劳动资料社会化,支持革命行动。

马赛代表大会还奠定了法国工人力量的组织基础。六个区委员会负责把工人群众联合和团结起来。工人群众在互相了解之后,就能把他们的共同努力同其他国家工人党的努力联合起来。这是"工人国际"② 在另一种形式上的复活,这个国际几乎被凡尔赛的屠夫们摧毁,而政客们的阴谋、那些心胸狭窄地把意见与自己不同者革出教门的人的宗派主义活动以及——更为严重的是——政府雇佣的密探钻进了国际支部,使国际瓦解。

---

① 指巴黎公社。——编者注
② 指国际工人协会,即第一国际。——编者注

马赛代表大会刚刚结束，政府就慑于公共舆论的压力，被迫释放了大批1871年的战败者①，这是采取更广泛和更彻底的措施的开端，也就是大赦的前奏。12个月后，所有三月十八日革命的幸存者被释放回家，回到了他们的工人伙伴和战友那里。这样，一个新的时代便展现在法国工人党面前。

在战斗力量的增加使团结变得更为紧密、使人们对为社会事业作出必要牺牲取得更好的理解之时，工人党取得了多大的进步呢？

不幸的是，我们不得不指出，某些成员的漫无节制的非分要求和野心以及被许多伙伴推到了极端的对某些人的个人崇拜，阻碍了人们渴望的成果的实现，使分裂代替了联合，使雇主又夺回了其失去的阵地。教训是沉痛的；希望它受到人们的重视，并引以为鉴。的确，1891年6月在巴黎举行的党的第十次全国代表大会标志着新纪元的开始：人们回归原则并将阻碍事业发展的个人开除出去。

因此，我们认为，并且乐于这样认为，那种小里小气的竞争、琐碎无聊的从会议到会议的辩论的时代已经过去了。群众已赶来支援对资本主义的巴士底狱的攻击。工人组织像被魔法召唤出来似的到处涌现。看来，法国工人决心要夺回失去的时间，决心和其他国家有强大组织的无产阶级并驾齐驱。

对于这种突然出现的大好形势，必须展开双臂用坦荡、高尚的情怀来欢迎它。各种学派的、职业的或民族的差别都必须搁到一边。

我们必须为**人类共同**的祖国、种族的融合和人类对抗的结束做好准备。要做到这一点，就必须把工人组织起来，使他们有强大的力量去克服一切物质障碍。此外，还要把经济方面的真实情况告诉他们，因为这样做才能使他们具有进行斗争所必需的精力和采集胜利果实的能力。因

---

① 指因参加巴黎公社的革命活动而被捕的工人群众。——编者注

此，这就是大家共同的纲领——在每个国家里都必须得到坚持的崇高工作。

在说明了这些情况之后，现在让我们谈谈大会议程。

第 1 项："从国内和国际角度来看劳工保护立法的状况，以及为扩充劳工保护立法并使之得到有效实施而应采取的手段"。

法国工人党过去为、将来还要更加努力地为扩大 1874 年关于童工的法律提供的保障而奋斗，它将要求把这项法律的执行委托给市政官办公室的代表，目前正在制定的关于女工的法律也同样如此。党还不断进行成立劳资调解委员会以及把它扩大到一切工业部门中去的宣传。这种宣传已经取得了明显的成绩。如果付出更多的精力并下定更大的决心，将来可以取得更丰硕的成果。

我们不得不遗憾地说，至于"血汗制"这个工人的耻辱，情形却不那么乐观。1848 年颁布的法律始终是一纸空文。尽管进行了若干值得嘉许的反抗，工人仍然在被迫流血流汗，使资本家大发横财。此外，劳动时间的调整还有待改进，由于工人的头脑里装满了庸俗的似是而非的概念，他们之中多数人当真以为，劳动时间的减少就一定意味着工资的相应减少。他们轻率地反对调整劳动时间的措施；尽管这种措施在保证他们在不降低工资的同时能减少他们的劳累，并使他们有必要的空闲时间来增长他们的技术、科学和经济等方面的知识。使这些实际的措施得到普遍承认，是社会党的主要目标和关心的事情。五月一日这个节日将用来加强这方面的宣传。

第 2 项："联合权及其保证手段，从国际观点来看的罢工、联合抵制和工会运动。"

从一开始，我们党就利用了赋予相同职业的工人联合起来保护自己工资的权利的 1863 年法律。对这项法律的宣传帮助工人争得了 1884 年 3 月的法律，此项法律承认了工会，并赋予它们民事主体资格，但又要求它们必须有行政官员用自己的名义替它们作保，而且这些保人必须是法国人并拥有公民权。该法律的最后一个条款把工人划成两类（法国人和外国人），并让工会服从警察的监管。党坚决反对这一条款，并掀起了持续不断的运动。

关于罢工。法律一方面正式承认罢工，但另一方面又给罢工设置了重重限制，由于大多数工人不知道这些限制，所以它们就更加危险。刑法第414条和第415条是使许多人曾在罢工中被捕的陷阱。1849年6月的法律对这两条作了补充，禁止在街上举行任何集会和游行示威，甚至授予当局实行军事管制的残暴的权力。例如，在富尔米和图卢兹就实行了这样的戒严。

至于联合抵制，我们应该承认，在法国至今都不可能采取这个办法。在这方面所作的一切尝试都是在没有遵守劳资协议所规定的工资的作坊和工厂进行的。向法国工人提出更多的要求就是去碰钉子。党承认这是一个空白，承认这是一个令人遗憾的缺乏动力的领域。

正如我们在前面指出的那样，工会运动在迅速前进，不久就可能成立许多有国际联系的联合会。这项工作必须在国际劳工立法通过之前完成，以便赋予这种立法以充分的社会主义性质。因此，让我们用一切可能的手段，竭力为成立这种组织而奋斗吧。

第3项："工人阶级对军国主义的态度和责任。"

党确信，消灭军国主义和废除一切军队是社会主义工人的根本目标，因为这样一大批准备随时充当自己同胞的刽子手的人的存在，构成对自由和人的生命的经常威胁；因为军队是工人阶级解放道路上的最大障碍；因为当人民变成唯物主义者、不愿再受传教士这伙精神领域的警察的奴役时，资产阶级就只有用军队来保卫它的特权和权力。这就是说，我们必须努力设法废除军队，以便结束暴政、战争和人剥削人的现象。

第 4 项:"对犹太人问题的态度。"

有觉悟的工人除了相信人类的团结以外,没有其他宗教信仰。我们认为,所有旨在复活宗教仇恨和种族仇恨的企图都是阻碍社会进步的野蛮行为。社会党应该向全世界无产阶级谴责这种恶棍和蠢人在反犹主义的借口下煽动人民互相残杀的罪行。人民的唯一敌人是剥削人民的资本主义。让我们把所有的打击都指向资本主义。

第 5 项:"利用议会制度和普选权。"

我们认为,议会制度和普选权纯粹是进行鼓动和宣传的手段,它们绝不能给工人带来解放。迄今为止,议会制度只不过给空谈家和阴谋家带来发迹的机会,而使劳动群众及其诚实的品质受到巨大损害。社会党人应向工人揭穿政客们每日都应受到谴责的背叛行径,从而防止犯严重的错误。

在工人力量的组织成为事实,在人民代表获得明确的授权,并且他们会因忽视或蔑视这种授权而立即丧失其议席或在必要时受到更严厉的处罚之时,选举权才是公正的和真正普遍的。

人们只要看一看自 1848 年以来就有了这种徒有其表的选举权的法国的情况,就立即会明白,对于每一个没有受过教育、没有钱、没有社会关系的人来说,这个成就的价值是多么微不足道!

第 6 项:"同资产阶级政党结盟。"

可以说,这种联盟和普选权一样,谁相信它,谁就会上当受骗。

第 7 项:"废除计件工和包工。"

我们党的每次代表大会都谴责这种劳动制度,并主张在达成某些明确的协议之前实行计时制和协作合伙(见排字工人的组织)。

第 8 项:"使五一节为实现八小时工作日、劳动立法和维护和平服务。"

法国工人党完全赞成这个建议。

第 9 项："世界各国工人党的名称。"

国际革命社会主义工人党。（第十次全国代表大会的决议，巴黎，1891 年 6 月）

第 10 项："国际工人组织的宣传。"

通讯、社会主义的宣传和鼓动应当归每个国家的总书记负责，他们互相之间应经常保持联系。每个国家的联合会和工会要给上面提到的总书记成立一个委员会，来负责统计劳工人数、了解各国不同职业的情况、在发生罢工的情况下组织救济。

总之，负责一切带有纯粹工会性质的事务。这个委员会应设立自己的办公室并享有广泛的自主权。它应像"劳动介绍所"的委员会那样发挥作用。

法国工人党赞成出版《社会主义年鉴》，不过它建议，这个年鉴应该特别讨论农业无产阶级的问题和把他们引向社会主义的道路和方法。

第 11 项："1893 年芝加哥代表大会；确定下一届国际工人代表大会召开的日期和地点。"

法国工人党认为，芝加哥城将在 1893 年把世界各国的社会主义工人代表召集在一起。在组织一切有关工人的重大活动的干劲、机智和实干的能力方面，我们的美国同行堪称模范，这使我们禁不住郑重地接受他们的邀请。

假如芝加哥代表大会不能举行，那么社会主义工人应于 1893 年 9 月在日内瓦聚会，并委托瑞士工人党筹备下届国际社会主义者代表大会（法国社会党第十次代表大会决议）。

公民们，代表们：

这些就是扼要叙述的法国工人党全体党员的决议。我们深信，你们就要通过的决议将充满对公正和人人平等的热爱，同时也将充满你们对一切暴政的痛恨和厌恶。我们向你们致以兄弟般的敬礼，并高呼："世界工人党万岁！社会革命万岁！"

法国革命社会主义工人党委员会

法国全国工会联合会的报告

1886年，即工会法颁布之后的第三年，在里昂代表大会上成立的法国全国工会和同业工人小组联合会，是按行业成立大规模组织的起点。成立这样的组织是必要的，但是，直至那时，由于缺少协调手段，它的组成部分不是根本没有，就是完全不够，因此，成立这样的组织是不可能的。

里昂代表大会从各方面来看都是值得称赞的，因为它除了把工会力量组织起来之外，还显示了全部有组织的雇佣工人的看法和观念的一致。在里昂代表大会之后，我们又召开了蒙吕松代表大会，这是第二次全国代表大会，它给予法国工会运动的发展以新的推动；然后是1888年举行的第三次代表大会，这就是波尔多代表大会，这次代表大会是前两次代表大会的当之无愧的和慎重的继承者，它在工会问题上迈出了重要的一步。1889年2月针对执政机关举行的、争取缩短劳动时间的第一次示威游行和1889年巴黎国际代表大会（这是法国工会觉醒的真正起点，或者说强大杠杆）这两次活动所取得的辉煌成就，大部分我们都应归功于波尔多的全国理事会。

我们想指出，我们的联合会每年都要举行一次全国代表大会，轮流在各个行政区召开。我们的全国理事会总是设在召开代表大会的地方。

过去召开的每一次代表大会都有它的作用，并以不同的名义采取对法国工厂的无产阶级来说切实感觉得到的行动。但是，直到那时，我们几乎还没有参加任何国际活动。我们的活动几乎总是唯独局限于我们法国，尽管少数有远见卓识的人曾热情关注其他国家的劳动者。今天这个少数已变成多数。

加来代表大会，即我们组织的第四次代表大会，于 1890 年 10 月——正当罗纱织造业工人罢工之际——在加来举行。这次代表大会使我们越过了拉芒什海峡。这要归功于英国同志的团结互助精神。我们在这里谨向他们表示我们的深切谢意。顺便说一句，恰好在这个时候，他们捐助的一大笔钱使法国劳动者提出的要求取得了结果。

我们的第四次代表大会本来只是行业性的全国代表大会，但是，由于它讨论了关于八小时工作这个紧迫的和普遍的问题，以及由于一位代表英国八小时同盟的英国代表的出席，这次代表大会具有了另一种性质。

于是，同业工人的国际联系得以建立起来，这种已更加普遍地扩大了的联系，我们早在 1889 年的巴黎国际代表大会上就已经见到过，它对各国工人都有利，尽管这里所说的国际联系还仅仅涉及有关的两个国家：英国和法国。

事实上，我们看到，不久曼宁汉（英国）的织罗纱工人开始举行罢工，并得到了法国织罗纱工人的经济支援。拉芒什海峡上的桥梁架设起来了，两国无产阶级现在已习惯于这条道路了。这条道路是他们为了自己的利益，为了反对生产资料的占有者，即他们的主人而开辟的。

我们必须也在连接其他国家的国境线上打开缺口，并为了劳动的最高利益而扫除一切孤立和削弱各个国家的个别努力的障碍。

* * *

如果说法国全国工会联合会像过去参加 1889 年巴黎代表大会那样参加 1891 年布鲁塞尔代表大会，那是因为它已经重新认识到为了尽量使两个半球的无产阶级的行动协调起来和步调一致而出席国际大会的好处。

不过，它到布鲁塞尔来还有另外一个理由，这就是，有679个工会的代表参加的加来代表大会授予了它委托书。

这个报告就是以上述代表大会的指示为依据的，它规定了我们的发言内容和建议；另外，它还参照了自从我们报名参加布鲁塞尔代表大会以来所收到的各种报告。

我们首先应当声明一下，如果说我们在转入我们打算强调或提请代表大会审查的正题之前说了一段相当长的开场白，那么，这只是为了表明按行业组织起来的好处，组织起来是为了同时朝必定要实现的解放前进，而我们应当用一切手段，也依靠各国劳动者的联合和共同努力的强大声势来力争实现这一目的。

我们受加来代表大会、法国全国工会和同业工人小组联合会全国理事会的委托，谨向代表大会提出以下要求：

1. 坚持五一节，两年来它在发展工会会员方面所取得的成绩比10年持续不断的努力所取得的成绩还大。

五一节

鉴于，根据1889年巴黎国际代表大会的决定于1890年5月1日举行的示威游行，已在两个半球产生了相当大的影响；

鉴于，几百万无产者在同一天，几乎在同一时刻，为了同样的要求走上街头；

代表大会坚决表示，一致赞成通过国际立法缩短工作日。

2. 缩短工作日和国际劳动立法。

鉴于，历届工人代表大会都一致宣布赞成把工作日缩短为8小时；

这一措施可以制止资方削减工资的要求和他们强迫对生产者处以不公正的罚款的企图,因为它使供求规律的作用变得更加有效;

鉴于,把劳动日缩短为8小时将迫使雇主为了保持原来的产量而雇用大量工人,从而使劳动后备军——贫困使他们无条件地受雇于老板——减少到足以允许劳动者有效地坚持他们的要求的程度;

鉴于,较长的工作日加上机器的进步所必然造成的条件,以及现存的生产方式会损害男女工人的健康;较长的工作日使工人得不到休息,没有一点空闲,根本没有自由来从事他们感兴趣的事情,以便要求得到他们改善生活的权利;

代表大会宣布:

赞成把工作日缩短为8小时;

赞成规定最低工资额,它的实施将保证工人阶级得到最必需的生活资料。

此外,代表大会宣布:

支持采取各种不同的全国性的或国际性的措施,以便实现上述目的。

报告人

3. 支持矿工在停止一切活动之前实行总罢工。

总罢工

鉴于,自从20年前资产阶级共和派掌权以来,无产阶级的命运没有丝毫改变,他们始终遭受资本家的剥削,这种状况越来越严重;

鉴于,在1889年2月10日和14日,以及1890年5月1日的和平示威游行之后,无产阶级未能从我们那些没有能力为劳动者办事的领导人那里获得他们所要求的东西，即把工作日缩短为 8 小时，他们必须利用一切可能的手段向前进，以便实现他们只有通过革命才能获得的彻底解放；

代表大会赞成矿工举行国际总罢工，宣布支持它，并竭尽全力确保全体劳动者总罢工的原则，同时吁请国际代表大会研究在最短期间内将其付诸实施的途径和方法。

一个愿望

生产力的社会化

鉴于，国家的经济形势日益恶化，此伏彼起的罢工就是这种恶化的令人触目惊心的标志；

鉴于，这种形势正变得让人无法忍受，并使那些最有头脑的人深感不安；

遭到这一危机打击的城乡劳动者正陷入水深火热之中，他们是腐败的社会制度的牺牲品，而这种制度是那个压迫他们、使他们忍饥挨饿的阶级用暴力和掠夺强加给他们的；

鉴于，他们想不惜一切代价摆脱他们的悲惨境况，并正当地要求他们的生产和消费的权利；

在生产过剩的时代，这样合法的愿望应当得到实现，执政机关应迅速予以解决；

相信民众阶级的代表有义务使统治者认识到这种极其糟糕的状况，并同时向他们指出补救的办法；

基于这些理由，

加来代表大会代表希望（他们的这个愿望可以在一切由选举产生

的、有社会党人参加的大会上增补和修改)：

土地、矿山、机器、原料、铁路、船舶成为公共财产，总之，公共财富的一切生产力应实现社会化。

5.① 同盟要求建立国际通讯、工人统计和按行业订立国际协定（统一工资标准等）。

6. 废除计件工作。

全国理事会希望下届代表大会或者在瑞士召开，或者在意大利召开；如果在芝加哥召开，我们行业组织的代表由于经费短缺，可能将无法出席。

* * *

小结。同业工会的组织具有很大的规模。由于频繁的局部罢工，由于始终必须支援罢工，我们工会的基金常常是空虚的，这是我们组织的一个最不完善的方面。

联合会代表
阿·德勒克吕兹

---

① 原文没有"4."。——译者注

荷兰社会主义工人运动的报告

第一部分

1889年7月18日，星期四，普列汉诺夫在巴黎国际工人代表大会上这样表示："在俄国，革命运动将作为工人运动而取得胜利，否则永远不会胜利。"① 人们可以把这位代表针对俄国所说的话运用于荷兰。自我们的代表多梅拉·纽文胡斯在那天谈论了荷兰工人的状况之后，总的情况的发展没有任何改善。工人还一直被剥夺选举权，因而没有机会在他们生活的这个国家的政治问题中发挥自己的直接影响。然而工人的努力仍然有了直接的效果，他们迫使最顽固的保守党人作出了有关扩大选举权的允诺，因为他们害怕工人采取更激烈的举动。确信自己力量的工人将把争得选举权作为一项坚定不移的任务。

在税制方面，也没有出现改进。在这方面，工人阶级处于最悲惨的境地。在一些文献中，人们用一些无可辩驳的数字揭示了各种不可忍受的缺陷；但是，统治阶级似乎丝毫不打算改变他们这种上层阶级政府的面目，没有减轻资本家之外的任何阶层的财政重荷的意图。工人在承受着苛刻而沉重的捐税，而人们却为上层阶级的节日，为赛船、航海节、赛马，为奢靡铺张地接待外国国王（如接待德国皇帝）而大肆挥霍；仅仅为了这个暴君，人们就浪费了50万荷兰盾；与此形成对照的是，

---

① 见本书第14卷第134页。——编者注

在1890—1891年度那样的严寒的冬季以及今天这样的百业萧条时期，工人的请求却始终遭到有地位的人们的回绝。他们总是对工人说，市民公众的钱只能用于公益事业。

教育方面稍有变化，但这一变化也只是对那些教士神职人员有利。对人民的发展最必需的免费义务的普及教育则并没有实现。在上次议会大选中获得多数、即将组阁的自由党于1890年在它的代表提交给议会的提案中发表了一项声明，要求实现义务教育。因此，它执政一开始，就必须顾及这个方案。普及大众教育协会已经拟定了一个立法方案，支持者都是新议会中的议员。现在拥有多数的自由党会背信弃义到忘记它的正式声明吗？不久的将来我们将会得到答案。

然而，尽管同样认识到义务教育的益处，但我们自然还是认为争取吃饭的权利是更为必需的。一旦解决并得到了吃饭的权利，争取精神食粮的要求就必然会自动提出。给人们足够吃的东西，他们就会学习念书。

整个诉讼程序都是经过周密的组织设计的，各方面都符合一个模范的阶级政府的要求。一切都规定得很详细，任何人，甚至是最穷的人都说不出法律在纸面上给他的权利比给富裕公民的少。

然而，为了得到正义，有如此多的困难要克服，以至只有富裕的人才有可能求得法官的帮助。对工人来说，一般都是有困难的，因为法律上没有严格的条文限制法官参与工商企业。许多从事律师事务的人以及其他公务官员都越来越多地利用这一方便牟取利益。在官方的通报文件中，可以不断看到一些官员的名字就是某某企业的创办人。尽管有关于法官的公正和要求回避的权利等良好的规定，但工人把这些漂亮的言词看做是不切实际的幻想。我们远没有一个由人民建立和受人民影响的法院，司法官员是占有者手中用来防止阶级仇恨的镇压工具。尽管到处传说着法官的独立性和廉正的废话，而在实际生活中，根本就看不到这方面的任何事迹。

集会权和结社权是一项人人享有的由法律保障的权利。经验证明，在统治阶级嘴里，这一权利没有任何意义。工人曾多次在集会时遭到世界上最野蛮最愚蠢的警察用棍棒和军刀驱散。不少市长和警察局长无耻地违反法律，而最终却得到政府的支持。政府甚至对那些向这种蔑视法纪的行为提出抗议的人不加理会，并采取发放销售酒精饮料许可证的方法，使集会权利化为幻影。许多小旅馆老板怕失去谋生手段而屈服。这种间接的压力是伪善的标记，造成了许多弊病。不用说，在这样的制度下，工人阶级必须克服许多障碍。当我们在下文了解到他们所处的经济状况时，他们在斗争中所表现的坚韧不拔的精神必然会引起我们的尊敬。

富裕阶级常说，荷兰工人的经济状况是值得羡慕的。那么人们要问，为什么他们不同工人交换一下处境。简要概述一下工人的工资和生活情况，就能回答这个问题。

大家都知道，许多年来荷兰在农业上是名列前茅的。而农民的状况总的说来是严重恶化了。大部分田地越来越多地只是名义上属于耕者所有，实际上它们是公证人——抵押银行——或债主的财产。大资本在这里像在其他一切地方一样，一点一点地吮吸着一切。为了证明这一点，我们仅举出以下事实为例，即抵押债务总额在1867年是4.62亿盾，而现在已达到10.8亿盾。这就是说，20年来增加了1倍多。工人的状况自然也恶化了。据政府指定的一个委员会起草的一个报告说，虽然工人似乎没有钱储蓄，但他们的情绪是饱满的。儿童们由于食物太差，小小年纪就夭折了，或者，他们虽然活了下来，却很早就得不到父母的照顾。这是很自然的，因为他们的父母为了生活，必须双双到田地里去干活，因而不能照管他们的孩子。他们的生活方式是简单的，有时看来甚至是朴素的和穷困的。劳动时间往往特别长。工资为每周1.80—4.50

盾（供膳宿），或3—9.50盾（不供膳宿）。劳动时间长达9—14小时，许多地方工人从一大清早劳动到晚上。然而，必须指出，这样的工人一年中只是一部分时间有工作，因而他们的工资不能作为计算一年的工资的标准。至少根据政府的报告，固定的农场工人的情况就是这样。辅助工的情况肯定要糟得多。赤贫现象成倍增长。这些工人的绝大部分都不得不为了每天挣得30—80分（60分=1.6法郎）的工资而劳动。

然而，官方的报告有待补充。在这里不妨引用其他人在弗里西亚进行的研究的结果。例如，弗里西亚人民党在《弗里西亚工人状况》这本小册子中指出，在收割庄稼和刈草的季节，劳动日照例长达17至18小时。在靠饲养牲畜为生的地方，劳动日夏天为17—18小时，冬天为14小时。诚然，工人并不是整天都在劳动，不过他们必须留在原地轮流干活。为了吃饭，他们只能中断一会儿工作，就像收割庄稼时那样。如果耕地离农场较远，晒草工人就支起麻布帐篷，并整周住在乡下。

根据这个报告，工资比政府报告中所说的还低。在某些地区，工人夏天挣的工资每小时是5—7分（等于10—14生丁），冬天每小时是3分；女工每小时是4—4.5分。但在夏天，工资每周超过6盾，大部分人每周挣4.2盾；在冬天，每周工资是3盾，更不用说有些人连分文都挣不到。

此外，他们还被强制在雇主开的商店里买东西，因此辛辛苦苦挣来的工资的一大部分就又被搜刮掉了。农村的雇主通常开一家商店，工人在那里能够（应用必须一词来代替能够）购买自己的生活必需品。事实上，他们没有任意选择地方买东西的自由，因为如果他不去雇主的店里买东西，他肯定马上会被解雇；而雇主则以比最好的商店贵得多的价钱出售货物。

尽管唯一的社会党议员多梅拉·纽文胡斯在3年前即曾向议会提出了一个法案，反对这种强制在指定商店购物的规定，但该法案有待讨论，法律也一直没有颁布。而今这一法案已告消失，因为提案人未再当选。同时，政府与针对它的提案也被撤销，因为内阁不久就下台了。短时期内，一切情况如旧。

按照非官方的看法，所谓的官方报告根本不重视弗里西亚之外的其他省份的工资情况，这不应使人感到惊讶。关于这一点，大家的意见是一致的，这是因为在那些地方童工占有极大的比例。在一年中的某些时期，学校里几乎是没有人的，因为儿童都到田里干活去了。人们可以像克扣成年人的工资那样任意克扣儿童的工资。然而，必须指出，有些地方童工回家时带回的工资是每周25分，为了挣得这点工资，他们必须天天干活。不管是田间劳动还是开采泥炭的劳动，人们都可以不受任何限制地雇用年龄最小的童工。如果说农村工人的状况真是十分悲惨的话，那么工厂工人的状况也好不了多少。根据政府的命令所做的调查结果可以证明，社会党多年来关于许多工业企业的悲惨情况的报道都是真实的。说真的，许多工人不敢在委员会面前说真话；那些胆敢说出真实情况的工人的勇气使他们大为吃惊，但是，我们完全可以对明显的事实作出必然的结论。在正式场合，人们否认工人不敢公开说出自己的意见。

为了否认工人不敢公开发表意见，他们用了特温特的一个工人的事例。这个工人说出了他对工厂的种种抱怨和不满，声称自己的工资太少，不能过体面的生活，但最后他却向调查委员会主席表示，他对自己的职业并没有任何不满，而且还觉得过得很舒服！尽管有这些障碍，官方委员会的报告指出，一般说来，工人的劳动时间过长，他们每天照例要劳动12—16小时。有一些工厂，工人从上午9点劳动到半夜。手工织布工人的工资估计平均大约为7.5盾，通常每天劳动11小时。

在荷兰，工厂车间的卫生条件很差，即使最简单的规定也没有受到遵守。在大部分车间，老板们对通风和排除污浊的、危害健康的气体的设备的安装都不够重视，工人亲身感受到了由此造成的灾难性后果。政府任命工厂视察员一举尽管引起了轰动，但是他们并没有博得工人的好感，因为众所周知，他们没有能力完成他们的重要任务；此外，还因为他们人数太少，不能有效地监督一切。

而且，政府往往不怀好意地任命一个本人就是蒸汽机制造商的人去担任工厂视察员，这个人太偏向企业，或者说总是有些偏向企业，因此他的判断就不足以被认为是独立的，不偏不倚的。政府似乎不理解，若要使监督获得成功，首先必须任命医生做视察员，在必要时，医生可以请求工程师和机械师的帮助。根据这种情况，人们可以理解荷兰工厂从卫生角度来看还是很落后的。

但是，政府非常忽视真正异乎寻常地大量使用女工和童工从事超过法律规定限度的长时间劳动的这种现象，可能会消失。但雇主们知道并坚信，他们会受到政府的偏袒；就这个问题，他们甚至联名给部长写过信。

那些用他们的劳动帮助人们驱走冬天的寒冷的工人的境况更加悲惨。尤其是在弗里西亚开采泥炭的工人，还有那些在其他泥炭田里劳动的工人，他们过着一种简直是无法描写的生活。如果你也是一位这样的工人，当你收到这些不幸者的来信的时候，你真会不知道该怎么办：是诅咒造成这种状况的社会呢，还是同情那些像牲口一样驯服地倒下去的不幸人。开采泥炭的工人每周一般干4天半活，他们在这几天里挣的工资是7盾或8盾；在这几天当中，他们每天平均劳动15小时。在挖泥炭的时候，他们住的是窝棚！晚上他们就躺在稻草上睡觉，身上盖的是马背上的披毡。他们吃的东西是用从泥水坑里打来的水和的面做的食物，用植物油或动物油炸的土豆，还有黑面包。其他地方的矿工的状况都要比我们这里的泥炭开采者的状况好。简言之，他们的工作是人类的耻辱，而且他们都是未成年就过早地被雇用。他们的手像爪子，他们的背向下弯曲，犹如四足动物。

最近这些天来，在荷兰人民面前又展现出一幅极其惊人的、表明了铁路职工的状况的图画。把人累得精疲力竭的劳动，过长的工作日和微不足道的工资，迫使这些奴隶联合起来。他们抱着一个希望，即希望通过集体行动，在将来能够获得较好的工资待遇。他们成立了协会，并开始秘密进行工作；协会的全体会员都编了号，因此用不着担心被人知道。在铁路公司的各个部门供职的8000名男女职工中，约有5000人是这个协会的会员。这个协会发表了一个关于铁路职工状况的报告，在报告中我们读到这样的描写：机修工和司机的劳动时间每天经常长达15小时以上；有时甚至长达18、20至24小时，这样一来，机修工终于处于一种使他们无法充分照顾乘客的安全的状态。管理人员的工作日也长得可怕。他们的工资为每天1.4—2.5盾。但应注意到，他们的开支同样也比较大，因为他们经常离家在外。养路工和扳道工的工资每天为0.95—1.60盾，他们的妻子往往都在道岔口值班，照看栏杆，每天可以得到0.25盾的报酬。养路工和扳道工由于工资菲薄，被迫过着一种不是食不果腹，就是始终靠举债度日的生活，而最后陷入无法继续生存的绝境，因为再没有人借钱给他们了。他们简直生活在水深火热之中。

在铁路公司下属的车间里，有一些超过20年工龄的人，他们不得不满足于每小时8生丁的工资；而另一些每天工作10小时拿固定工资的人，有时则要劳动14—16小时，而且这部分延长的工作时间他们得不到任何报酬。车间里怨声四起，因为不注意通风，工人几乎经常处于烟雾弥漫之中。

人们得不到一天假日，甚至星期日也难放假。列车的锻工有时每隔15天有4小时的休息，擦地板的工人4—5星期休假半个星期日，司机8周休假一个星期日，扳道工6周休假1个星期日，车站工人每月休假1天，车站工人（同时是扳道工）30—40天休假1个星期日。

政府自己公布了一个关于铁路职工状况的调查报告，调查结果和协会的调查结果完全一致，这个调查结果可以概括如下：人员应当增加，工资应当提高，服务时间应当缩短。

最近，铁路协会致信铁路管理机关，坚决要求改善这种状况，但这一要求可能会遭到拒绝。因为经理们是贪婪的，他们的理想就是给股东们提供高额的股息（荷兰的铁路都在个别企业手中）。在近期内，可能发生罢工。还出现了一些迹象，有人希望在各国铁路员工中成立一个国际联合会，这将是一个极好的开端。

手工工人争取生存的斗争，也同样是极其艰苦的。木工、泥瓦工、油漆工、锁匠，所有这些人都为社会的利益献出了他们一生的精力。但是，他们获得的工资不允许他们对生活作任何改善的想法。过长的工作日，过低的工资，迫使荷兰工人发出绝望的呼号。同时，他们还不得不艰难地同长期无人雇用这种情况作斗争，尤其是在大中心，工人在这方面吃了不少苦头，因为城市雇主们从外省找来一些多半是拥护教权的工人，并使用这种驯服的工人。雇主们付给他们的工资，低得简直令人难以相信。雇主们用这种办法大大压低工资率。手工工人的工资为每小时12—25分。他们的劳动时间是从早晨4点或5点至晚上7点或8点，当中有1、1.5或2小时休息时间。总的不利之处在于，工人通常必须干些额外的工作，这就必然延长了许多劳动时间，而使其他人失去工作。

雇用仆人一般支付的工资是每年50—150盾，主人提供膳宿。虽然这种仆人还不打算联合起来，但是他们已经多次试图采取联合行动。除了一个希望由法律宣布男女平等、但并没有去努力争取普选权的妇女团体之外，还有一些社会主义妇女团体，它们正直接奔向自己的目标。它们明白，只有获得社会主义所希望的经济独立，妇女的整个地位才能发生人们希望看到的那种变化。同样，只有社会党才渴望实现男女平等，才能在这方面准备解救妇女。

荷兰是一个小小的贸易国和小小的农业国，在荷兰也像在其他各国一样出现了一些同样的现象：向大工业转型和由此产生的结果已经为人所知。资本主义已在很大程度上为自己的失败做好了准备，社会主义也在同样程度上为安排生产做好了准备，因为资本家已经不能完成这一任务了。在将来，政府更多的是管理事务，而不是统治人。

第二部分

由于这样的生活环境，人民的精神力量被摧毁了，这是容易理解的。荷兰的工人运动因此在共同的斗争中没有达到其他国家已经达到的程度，这也是并不奇怪的。但我们仍然热心地从事这一艰巨的工作，唤醒工人，使他们意识到自己的处境。与其他国家相比，我们并不认为我们是落后的。

最早的工人协会是荷兰工人总协会。几年前，它作为一个全国性的协会建立，目的是摧毁国际及其支部的力量。开始时，这个协会是唯一的一个人数较众多的组织。协会表现软弱，缺乏勇气，过分地妥协顺从。工人的问题似乎只有依靠非工人的帮助才能解决。这些人有时装得很关心工人。情况后来恶化了，协会的领导坠入了自由党的圈套而不能自拔。有一个名叫托伦的人以及其他一些人甚至被选进了众议院，甘心成为走狗，为自由党的先生们服务。托伦当时曾经是个强有力的人物，而现在却在自由党外交官的沙龙里寻觅朋友。他本来应该同这些人首先进行最有力的斗争，因为在这些人中，许多都是剥削者。

协会衰落了！过去，它曾有一份周报《工人使者》，每周出版一期，在一些时期甚至每周出版两期。然而，今天则成了一份月刊，主要读者都不是工人，工人很长时间以来只对它有所耳闻，但从来不读它。和这个协会相似的还有一个新教徒工人的协会（名叫祖国社）。它比工人总协会强得多，然而后来很快蜕化成为一个神学文艺社团，并不关心工人的利益。近来，人们不时看到它的一些变化。这个协会的重大错误在于，它不知道摆脱特权阶级，相反，却以为可以在特权阶级中找到保护人。它认为工人阶级状况的改变应首先依靠祈祷上帝以及资本家与劳工的合作。根据这一理论，祖国社认为在资本家阶级那里寻找支持，并不背叛工人的事业。然而相反，祖国社从经验中感到，这种依靠《圣经》的合作并没有产生有益的结果，因而有必要在内部进行一次严肃的斗争。结果是工人成员顺从了，但实际上这是一种消极的态度，早晚会导致解体。祖国社拥有一份报纸，与协会同名，每周出版一期。

一些年来，人们建立了另一个工人协会，名叫荷兰天主教工人协会。这个协会内部有各种身份、各种地位的天主教徒，并由神甫直接监督。各支部由一个委员会领导，事先不经神甫的咨询，委员会什么也决定不了。

这个协会由一个总委员会领导，后者直接由主教监督。经神甫咨询顾问作出的大会各项决议必须经主教批准，成员必须服从这些决定。这个协会的整个组织与其说是一个工人的协会，毋宁说是一个宗教机构，它始终遵循着由教皇规定的制度，必然成为阻碍工人阶级发展的羁绊。它禁止工人成员阅读教会作品以外的书。集会只许会员参加，其他学说的拥护者不许参加工人问题或政治问题的讨论，如果偶尔一次允许某些人参加讨论，则给他们规定的条件是：不准反对已经宣布的原则。该协会现在办有一份机关报《人民旗帜》，每周出版一期。

这个协会展示的力量似乎很强大，但实际上微不足道。神甫在教堂中再也找不到足够的力量阻挡工人的不断发展。他们就在教堂旁边设立这么一个协会，试图加强控制，这显然证明教会的信徒们已不再是那么顺从了。从这种做法中，可以发现工人将日益看清安慰思想的实质，传教士竭力用这种安慰思想来安抚财富的生产者，结果操纵武器的人将被武器所伤害，玩火者必自焚。

除工人的解放外别无其他目标的协会是民主社会主义协会。它的内部组织不必赘述。只需知道，它包括一些支部，每个支部都有自己的委员会，整个协会由名为中央理事会的总委员会领导。

然而最高权力属于每年召开的代表大会，每个支部都向代表大会派出自己的代表；即使是在那里通过的决议也还不是最终的决定，因为这些决议首先应交给所有成员，通过全体投票的方式来决定。出席国际代表大会的代表也是通过全体投票选出的，以避免任何特别照顾或追求好职务的偏向，同时也为了训练成员，使他们了解将来的人民政府的完整的含义应该是怎样的。中央委员会是一个执行机构。

它是由所在地的支部选举组成的。凡年满18岁的成年男女均可成为协会的成员。人们为不满18岁的少年建立了一个少年协会，与此并列的有一个少女协会。在社会党存在于荷兰期间，它可以因一系列成就而自豪。在它的鼓动下，反动的政党被迫拟定了一些本来无疑是不会有的法律。在它的社会主义的宣传下，当局制定了一个有关童工的法律。虽然这项法律本身意义并不很大。随后又有一项关于工厂劳动的法律，总体上是要保护女工和不满16岁的少年。实际上，这些法律都有共同的地方，就是它制定的范围太窄，因而对工人来说，即使有一些好处的话，也是极微小的。但是应该提到它们，因为它们是社会主义鼓动的结果。这些法律的制定使资产阶级感到害怕，是日益壮大的社会主义从统治阶级那里强行夺来的果实。我们的宣传还获得了其他结果。过去不同的党派互相勾结，从来不允许下层阶级置身插足，而自从社会党人的集会赢得了一定的声誉后，其他所有党派也都组织起公开的集会。

实际上，自由党人尽可能地逃避争论，天主教会一贯排斥他们，在可能的情况下，双方都尽量避免接触。但是，今天公开讨论战斗的无产阶级的权利的机会则多得多了。另一个结果是建立了一个所谓的激进党。这个党起源于自由党和天主教，它尽力想在资本与劳工的斗争中起中间调停作用，这种斗争在混乱的时期经常发生。但是它似乎又并不愿意表白和平是对它自己有利的思想。

在社会党的迫使下，反动派甚至派工人当资产阶级在市议会的代表。虽然这仅在某几个城市出现，但这表明，他们已经被迫去讨好工人了。1888年，社会主义者成功地把党的机关报《大众权利报》的编辑多梅拉·纽文胡斯选进议会。今年由于自由党和激进党首领的阴谋，我们丧失了这一席位。激进党的首领在这件事情上背叛了他自己的党的利益。全国人民在大选中只有一个口号："赞成或反对普选"，各个不同党派都联合在这一口号下，而激进党领袖特勒布先生则完全违背了这一协议，认为把社会民主党人排除在众议院的代表之外比与保守党签订协议更为体面。尽管他曾多次宣称自己是保守的自由党的不可调和的敌人，但为了实现自己的目的，却与这些自由党人缔结和平。由于这一背叛，他获得了成功。

然而，这次落选无论如何也不能证明我们党倒退了。现在在弗里西亚的农村地区，没有哪个党强大到足以占少数派联盟上风的地步。1888年时是这样，今天同样还是如此。在最近一次大选中，社会党甚至赢得了最多的选票，但由于所有各党联合起来对付我们党，才使我们居于少数。由于一个激进党候选人不小心作了承诺，表示拒绝支持比例选举制，因此，在他的同党政治伙伴中有一人在其他地方被提名时，就重新进行了选举。多梅拉·纽文胡斯不同意当候选人，如果不是这样，他很可能已被选上了，但他觉得这样依靠一个激进党人，并以作为他的代理人的方式进入议会，有损社会主义的荣誉，因而他退出了选举。

此外，虽然选举权受到极大的限制——4个男性成年人中只有1人能投票，社会党在选民数量上还是增加了，比1888年增多了4000票。当然，这证明宣传工作在中产阶级中获得了进展，因为工人没有选举权。如果他们有，我们相信，我们有8—10人能选上。所以，我们有理由感到满意。

社会主义的鼓动尤其推动了工人的联合。弗里西亚成立了一个农业工人的党，叫做兄弟信任会，该会坚定而有力地促使分散的工人进行联合，在极为不利的条件下，以一种少有的不屈不挠的精神和热情发动并坚持农业工人的运动。这个运动的细节在一本由让·斯塔普写的题为《兄弟信任会的建立》的小册子中有报道。一年多来，农业工人发动了罢工，但是，尽管作出了许多牺牲，由于资本的优势，他们退却了。该会附属于社会党，这就是人们所说的人民党，参加该党的人都倾向于社会主义，但又不能完全接受各项社会民主主义的原则。这个在弗里西亚建立的党只要坚持不反对工人，并且站在他们一边，就能有效地发挥有益的影响，与工人党合并将是不可避免的结果；这是事物发展逻辑的趋势，人们应敢于接受它，这种合并无疑将在几年内实现。社会主义的宣传促成了教师工会的建立。有一个教师工会拥有不少支部，参加的人有信仰社会主义的，也有非社会主义者，他们坚定而有力地宣传着民主理论。另一个教师工会的会员都是社会主义者，他们以口头或文字的形式尽力传播社会主义的原则。这个工会出版了一份月刊。最强有力的协会——人们可以认为这是社会主义宣传的结果——是铁路工会，这个工会的成员包括铁路雇员的大多数，它秘密工作，出版一份半月刊《信号台》，人们不知道它的编辑部在哪里，文章的作者都只用数字号码标记。

最近还成立了一个邮局与电报工会。这个工会也将在全国建立支部。在短短的时期中，它已建立了两个支部。这是社会主义宣传的结果，而且是在不顾反动派阻挠的情况下取得的。反动派对社会党人所做的一切事情都进行中伤诽谤。在这方面，尤其是自由党已同教皇极权派互相勾结，自由党的发言人甚至声称社会民主党不能担任公职。你们可以想象，荷兰是以自由的美德而自豪的，而在自由的名义下，有人却能做出这样的事。自由党曾建立了一个雇主协会，但今年这个协会已经解体。然而，一些领导人却还站在台上。由于似乎感到不可能制止社会主义运动的日益发展，自由党人就投入了教会的怀抱，并且支持天主教徒的协会，希望依靠它们来帮助扑灭工人运动，或者利用救世军或诸如此类的东西唆使工人离开该死的社会党人。下述情况证明了他们采取这些措施的原因。社会民主党有份每日出版的机关报《大众权利报》和一个周刊《人民论坛》。还有一些在地方上出版的周刊：《激进》、《人民事业》、《钟》、《人民之友》、《人民报》；在弗里西亚每周出版两期的《人民报》；一份讽刺幽默刊物《社会党人》。此外，各工会出版的刊物有：铁路员工协会的《信号台》、《烟草工人》、《木匠》、《灰石工人》、《教师》，等等。因此，虽然存在许多障碍，荷兰的社会主义宣传还是完成了任务，唤醒了工人的良知，使他们意识到自己的能力。社会党要始终使工人懂得劳工的解放是工人的使命。实现这种愿望的证明就是让工人在他们自己的机关报上讨论他们自己的利益，报纸由他们自己编辑，由他们自己的人领导。

工人觉醒的结果是，在荷兰人们同样已经开始把罢工看做是战斗的手段。在罢工中，每个真正革命的步骤都是由工人自己的意志决定的，没有哪一种运动能更清楚地表明这一点。工人刚刚开始做初步的练习，所以他们要求掌握他们自己认为有必要加以改善的手段。他们看到，罢工是一种手段，因此，每当他们断定有必要时就运用它。像荷兰这样一个工业如此薄弱的国家也发生了一些重大的罢工，如恩斯赫德织布工人的罢工，鹿特丹和阿姆斯特丹码头工人的罢工，比尔特农业工人的罢工，北方泥炭工人以及屈伦博赫烟草工人的罢工等。恩斯赫德的罢工失败了，原因是由于天主教神甫阿里恩的影响，他利用宗教的巨大力量来支持资本家。鹿特丹和阿姆斯特丹的罢工几乎在各方面获得胜利，然而工人在赢得这个辉煌的胜利后却没有想到有必要成立一个工会，而各自分手了。但是，他们现在又重新与英国的工会联合。最重要的是后面几次罢工，比尔特的罢工事实上失败了，罢工者被开除，现在支持罢工的工人还须在财务上给这些被开除的人们以帮助。夏天，被开除的工人尽量集体地到处去找工作，并且相当成功。在冬天，人们收购亚麻，再交给他们加工。这些工人都是上文曾提到过的兄弟信任会的会员。

屈伦博赫的罢工事实上还是受到了打击，工人非常正确地坚持了罢工，他们所表现的坚韧精神足以成为其他工人们的楷模。但罢工还是失败了。

凡是注意观察荷兰工人运动的人都会明显地感到工人运动的影响发挥的速度出乎意料地快。当你看到我们的宣传在农村几乎没有遭到反对时，你就会同意我们的看法，不应低估我们在荷兰所取得的进展。我想我已在上面提到过，最重要的是工人在没有结束自己的困难处境之前是不会停止斗争的。

只有工人自己才能结束自己的困难处境，当时机到来时，他们会想出必要的手段去完成这一使命。当他们要求实施八小时工作日，并为此而提出强烈抗议时，并不是因为某一个引导者要他们这样做，而是因为他们自己开始懂得缩短工时是必要的；所谓的引导人只是提出工人的愿望，他必须按照工人的意愿制定目标，荷兰的社会主义宣传工作就是这样理解并且这样实行的。

5月的示威游行证明了这一点，它获得了重大成果。

无论是在阿姆斯特丹还是在海牙，在工业的特温特还是农业的弗里西亚，在格罗宁根还是在泥炭沼泽地区，人们都热烈地庆祝八小时工作日。全世界所有地区，在同一天提出了同一个口号，这是从未见过的事件，它让我们对未来产生了更多的希望。

为争取普选权而举行的盛大的示威游行也证明了这一点：5月，人们为了争取普选在阿姆斯特丹举行了示威游行。示威游行者人数在4万到5万之间，这充分表明了人民的要求和热情。

我们并不认为谁是老师，谁是学生，而认为大家都是为了相同的任务而联合起来的，大家都有权利争取相同的利益。我们为社会主义民主所提出的伟大目标而合作。

有时，为了争取这样的合作，为了完成宣传任务，我们作了努力，我们是作为一种手段而不是作为目的而这样做的。我们荷兰人认为，通过议会道路并不能赢得解放，所以，我们不十分重视议会辩论。

自然，我们要利用选举和议会讲坛为我们的事业服务。然而，对于我们来说，这永远只是一个手段，甚至是有危险的手段，因为尤其在成功的情况下，必须防止犯错误，无产阶级应当意识到个人主义特性所具有的危险，并通过对当选者的严肃的批评和控制来避免这种危险。

所以，我们有时也为了增加经费而参与合作，并得到一些基金。但人们永远不能使我们为了现实的利益而牺牲无形的事业。不，无论是合作还是议会讨论都不会使我们达到自己的目的；所以，我们并不左顾右盼而是径直走向目标，只有鼓舞我们冲向敌人——资本主义——的战歌才是最可贵而神圣的。我们有一副清醒的头脑和一颗炽热的心，我们知道我们需要什么；同时，我们也要求获得我们所需要的东西。

我们一方面尽力发展理论以增强精神力量，另一方面在实践中让工人自己表达自己的愿望，努力巩固社会主义的阵地。荷兰在各方面还是一个落后的国家，但我们的工作还是获得了一定的成果。因此，我们认为，我们有权利说，在世界性的劳工反对资本的斗争中，荷兰社会民主党人无愧地捍卫了自己的事业。但是，尽管我们做了一些事，我们仍然还有巨大的任务有待完成。在某些时候，情况似乎显得很严重，但我们绝不能后退。片刻的犹疑会造成灾难性的退却。在任何情况下，我们必须坚持工人解放的工作，促使工人自己摆脱自己的枷锁。为此，我们始终一贯地向我们的同志说明我们的斗争是国际斗争的一部分。我们的同志明白单独一部分工人的解放是不可能的。只有所有的工人都获得了自由，我们才能得到真正的解放，所以荷兰的社会党人并不认为单单依靠他们亲爱的祖国就能获得幸福的生活。贫困是没有国界的，因此我们的斗争也是没有国界的。有关我们荷兰的报告就快结束了，我们为我们的原则不断前进而欢呼，我们不只是为荷兰的民主党人欢呼，也为国际社会民主党人而欢呼；我们站在所有国家的共同的旗帜下进行战斗，我们的原则是一致的，我们的斗争是统一的。种族、国籍、宗教、肤色都不能使我们分离，因为我们共同经历的苦难把我们团结在一起。任何人都不要害怕，我们为我们的解放而共同工作！国际社会主义万岁！

关于荷兰烟草和雪茄烟工业、荷兰雪茄烟工人和烟草工人联合会组织情况的报告

在这一行业中有 2 万或 2.5 万名工人（其中 5% 是女工）。它主要是由一些小厂经营的。例如，在阿姆斯特丹有 50 个雪茄烟厂和 800 名雪茄烟工人。在多特有 24 个雪茄烟厂和 111 名雪茄烟工人。许多工厂主只雇用 2—20 名工人。这个情况对工人非常不利。在大城镇，平均每天工作 11 个小时，每星期工资 9 盾。在小城镇，平均每天工作 13 或 14 个小时，每星期工资 6 盾。在许多小村镇，每天工作 15 或 16 个小时，每星期工资是 4 或 6 盾。妇女的工资通常比男人的工资少。学徒工的人数非常多，然而却没有任何培养熟练工人的基础教材。

雪茄烟工人的工资是按堆支付的，没有任何规则。他领到的原料完全或几乎完全没有整理好，他不得不亲自整理，或者出钱雇人替他整理。

许多工厂都采用了罚款制度。相反，奖赏是极少给予的。工厂的照明、取暖和清洁卫生费常常从工资中扣除。

工厂的设备一般都很差，甚至安装的最新设备也是极不完善的。工厂法刚刚颁布不久，工厂视察制度刚刚建立，很不完善，还没有见什么效果。

组　织

有一个雪茄烟工人和烟草工人的中央组织，名叫"荷兰雪茄烟工人

和烟草工人联合会"。它有 26 个地方分会，在这些地方工作的有 4000 名左右雪茄烟工人、1700—1800 名烟草工人和对烟草进行分类分级的工人，此外，还有 2500 名男女学徒工。联合会有 2000 名会员。

每个会员每星期缴会费 10 分（2 便士）。这 10 分的用途如下：3 分用做中央基金（因此每个会员可以得到周报看）；2 分用做中央抵抗基金；1 分用做旅行基金（为此，每个会员有权利用这个基金到凡是有联合会组织的城市去旅行，每年两次）；1 分用做国际抵抗基金；3 分用做地方基金（负担地方费用）。

每个地方分会都有自己的领导机构。联合会的首脑是中央领导机构。每年举行一次代表大会。凡是有联合会分会的地方都设有一个联络处。外出旅行做小买卖的兄弟可以找联络处帮忙，那里会把旅行费发给每个会员。

联合会通过报纸和公共集会进行宣传。这两种宣传手段的力量无论如何都是不够的。

联合会的目的是通过逐步改善工人的物质状况、精神和道德水平来实现社会主义。

向布鲁塞尔国际社会主义工人代表大会致敬。

以中央领导机构的名义：
F. W. 格宾（会长）
N. M. 罗特曼（书记）

关于匈牙利社会民主主义工人运动的状况

　　匈牙利工人运动始于19世纪80年代初，当时朝气蓬勃，大有希望，但接着就陷入了令人担忧的停滞状态；只是在国际社会党巴黎代表大会（1889年）的影响下，才获得了新的生命。最近10年来，政府积极推动资本主义迅猛发展；与此相关，越来越多的居民阶层迅速沦为无产阶级。由于这两个原因，现代阶级斗争的经济前提才被真正创造出来。在这种对人们认识阶级状况产生有利影响的情况下，关于在巴黎举行的无产阶级世界议会的消息也像一股电流一样震惊了匈牙利工人阶级，使它欢欣鼓舞，充满了喜悦的希望。

　　在巴黎起草的决议传到了这个国家最偏僻的角落。在工人阶级的队伍里很快就呈现出一派活跃的景象——多年来对政治漠不关心的沉闷气氛为之一扫。

　　党的两个机关刊物《人民之声报》和《工人周刊》（1891年1月1日改名为《工人报》）的发行量很快就增加了，并开始以更合乎时代精神的方式进行编辑。同时，在迄今为止注意得最少的方面，即在出版短小精悍、有教育意义的著作方面，也开展了必要的活动。用匈牙利文、德文，有时还用斯洛伐克文编写的各种小册子和传单出现了。《匈牙利工人丛书》的出版，满足了长期以来的需要，出版这套丛书的目的，是向匈牙利工人介绍德国、法国和英国最优秀的社会主义著作；《丛书》也出版原著。

　　为了支援国内外的罢工运动，救济被捕者和受处罚的人，为了设立宣传基金等而开展的各种形式的募捐活动，增强了同志间的团结感。

1890年初开始有了**工会组织**，而在此之前，工人组织的活动主要是救济病人，而且它还一再蜕化变质，成为瞎闹一气的团伙。

最近成立了6个工会组织，其中有4个是全国性团体。此外，还成立了许多工人教育协会。

工人阶级正对公共生活中发生的事件产生越来越大的兴趣，这一点在经过漫长的岁月之后，重新表现在1890年3月就星期日休息法案表明态度时采取的统一行动上。在这次统一行动中，许多城市都举行了大规模的工人集会。1890年5月1日举行的各群众大会，就其主旨而言，是非常统一的；就其庆祝过程而言，是庄严的。在这一天，匈牙利工人感到自己是一个统一的整体，而过去从未有过这种感觉。在这一天，首都有6万工人举行示威游行，各州首府有成千上万数不清的工人举行示威游行，争取工人阶级在经济上和政治上的平等权利。

第二个重要的步骤是1890年12月7日和8日在布达佩斯召开党代表大会。这次代表大会比起过去几次代表大会来有很大的进步。这个进步不仅表现在大会的组成（各州代表的人数大大增加了）和大会上提出的观点更加成熟这两点上，而且还表现在下面两件事实上：机会主义的残余在这次代表大会上被粉碎了；党由于接受了"**匈牙利社会民主党**"这个名称终于自由而公开地表示拥护社会民主主义。

参加代表大会的有委托书的代表共121人，其中87人来自布达佩斯，34人来自下列各地：阿拉德、布罗斯、迪斯、德穆舍德、埃劳、芬夫基兴、大贝克斯克雷克、卡兰塞贝什、克劳森堡、克龙施塔特、内迈特—博格山、新萨茨、欧罗什哈佐、潘切沃、普雷斯堡、雷希察、弗鲁特基、苏托、施图尔韦森堡、塞格丁、泰梅什堡、泰莱西奥佩尔和韦尔谢茨。

这次代表大会的成果很快就表现出来了：党的两个机关刊物的订户

有了可喜的增加，宣传经费也增加了。在工会组织方面，从代表大会召开以来，细木工、裁缝、花边编织工、金匠、鞋匠、方格花样织工和管乐器制造工相继迅速地成立了全国联合会，极其频繁的活动引人注目；在机器制造业中干活的铁匠以及陶器工人目前正在酝酿成立工会组织，石匠办起了社会民主主义的行业报纸（德文和匈牙利文的），鞋匠和细木工也办起了自己的社会民主主义的行业报纸（都是匈牙利文的），这些报纸的创办都是和工会运动密切相关的。

此外，阿拉德及其近郊的同志们在1891年4月为南匈牙利创办了一份用匈牙利文出版的党的机关刊物《公共福利》。遗憾的是，由于匈牙利地方当局的亚细亚式的专横，该刊出版还不到4个月就被迫停刊了。

鉴于社会民主主义工人运动的急剧高涨，政府迅速采取了措施，这些措施甚至使目光最短浅的人也看清了"匈牙利的自由机关"不是为工人存在的。这些常常是违反法律的措施可能在有的场合阻止了我们运动的前进步伐，但是也有一个好处，这就是，它们使阶级矛盾更尖锐地表现出来，从而促使人们去反对这个国家里已经滋长过盛的沙文主义。

不仅政府，还有有产阶级都在疯狂地进行攻击，攻击的矛头主要针对国际劳动节。这种攻击的结果是，1891年庆祝五一节的群众集会与上一年的群众集会相比大为逊色。政府、警察和雇主联盟采取高压手段和一切想象得出的非法措施来破坏劳动节取得的成果。当然，这并没有完全得逞。但是，由于使用了恐怖手段（威胁要进行惩罚等），成千的党员同志没有参加示威游行。因此，在首都参加庆祝活动的工人只有约1.4万人。引人注目的是，在各州首府，五一节庆祝活动的规模相对来说要大一些，有的地方甚至还超过了上一年。

当局针对**农业工人中间新崛起的运动**采取的措施特别严厉，不过关于这个运动的情况，传到国外去的报道有些夸大了。事实是，自从党的代表大会召开以来，贝凯什州《人民之声报》的订户引人注目地增加了。从前很富饶的贝凯什州的中等阶级地位下降和小农完全沦为无产阶级的新情况，以及贝凯什州大多数信仰加尔文教的农民受过相当良好的学校教育的事实，解释了这种进展。最使人感到惊讶的是，在农业短工中有些人读过毕希纳的《力与物质》，并且能读懂这本书。有些人读过达尔文的著作，并承认自己是无神论者。

这些人感到用匈牙利文出版的社会主义著作太少了。他们对社会主义的伦理方面理解得很透彻，而且怀着满腔热情去宣传它，但是，关于社会主义的国民经济学原理，他们就一窍不通了。

农民中间这个带有一点朴素性质的社会主义运动不久就从贝凯什州蔓延到邻近的琼格拉德州、阿拉德州和托隆塔尔州，这一点首先可以从办得很好的《人民之声报》的读者范围扩大了这一现象中得到证实。在短时间内，许多乡镇的农业工人都成立了工人教育协会。农业工人计划在5月1日进行庆祝活动，这给当局提供了一个无耻地用来在居民中挑起骚乱的求之不得的借口。

在欧罗什哈佐，5月1日这天早晨，在工人教育协会租赁的一座房子的庭院里升起了一面白绸旗，旗帜的两面分别用金线绣着"自由、平等、博爱！""八小时工作、八小时休息、八小时睡眠！"两条口号。当局毫无道理地把这面旗帜没收了。这激起了令人担心的场面。然而由于那些头脑冷静的人的好言相劝，才没有造成严重后果。贝凯什乔包则是另一番景象，在那里5月1日这一天发生了流血事件。当地人民银行不久前的破产、地方税的突然大幅度提高和官吏的骇人听闻的贪污受贿行为，已经使人民群众极端不满，因此，只要一点小小的火星，就足以引起群众不满情绪的爆发。

现在政府找到了它希望得到的借口。在此之前必须克服重重困难才能举行的集会，现在完全被禁止了。正在成立的协会要求批准它的章程的申请遭到拒绝，已经存在的协会被解散，销售社会民主党报刊的商人受到威胁和刁难，不得不放弃报刊零售工作；例如，单是在欧罗什哈佐，零售额就减少了300份。由于采取了向欧罗什哈佐的许多因为工资低而无力一次付足订费的读者暂时免费赠阅《人民之声报》的措施，我们才避开了这个打击。

在此期间开始的田间劳动（劳动时间每天持续16—20小时）给人造成一种社会主义的宣传似乎削弱了的印象，然而有产阶级却大错特错了。面对警察和士兵的刺刀敢于说"你扎吧！开枪吧！我们的命本来就是一钱不值的！"的人民，是绝不会投降的。

然而，如果人们更为冷静地考察一下事态的发展，就必须承认，农村社会主义运动在**近期内**不会具有重大的意义。成立农业劳动者的所谓工会组织的事，首先鉴于在上匈牙利有对报酬要求很低的斯洛伐克工人的竞争，是无法考虑的，更不用说要把没有文化的工人组织起来是多么困难了。

但是，不可否认，社会民主主义思想已在不可低估的范围内深入到农村居民中了，社会主义的宣传在**农业工人当中**已奠定了大有希望的开端，并且，随土地因农业资本的积累而集中到越来越少的人的手中，这种宣传将在这些工人中发展壮大，成为一个有强大影响的因素。

匈牙利工业无产阶级的阶级斗争取得的一个明显进步，既表现在工会组织和因此而获得的益处方面，也表现在社会民主党报刊发行量的增加上，特别是表现在目标明确、有阶级觉悟的党这个组织上。

如果用适当的数字来说明我们党的活动成果的话，那么和西方各国社会民主党的成就比较起来，这些数字当然不是那么了不起的；不过应该考虑到，从经济方面来看匈牙利还是一个落后的国家，在这个国家里，工业化的进度才刚刚脱离其初期阶段不远。

然而，有一点现在多少还是可以值得慰藉的，这就是，匈牙利的无产阶级运动经过努力已经有了明确的目标，已走上了正轨；工人阶级的先进分子正在以坚韧不拔的、越来越大的干劲朝着既定的方向奋勇前进。这终于给我们提供了这样的保证，即随着资本主义的发展及其力量的发挥，匈牙利社会民主党在争取无产阶级的经济解放和政治解放的国际斗争中，将能自豪地同其他国家的兄弟党并排地站在一起，从而使其队伍也同时壮大起来。

波兰代表团的报告

由于我们的叙述必须简短,我们想简明扼要地阐述一下近两年来发生的、能够说明我国社会问题的状况的一些重要事实,同时也想提出一些能使人们了解我国的状况以及在波兰进行的社会主义宣传鼓动的发展情形的观察结果。

我们从普属波兰开始,在这里,社会主义运动力量最单薄,社会主义鼓动才刚刚起步。

一个问题是:在波兰的这部分国土上,尽管德国社会党给我们树立了如此光辉而令人鼓舞的榜样,但社会主义运动仍然发展得最缓慢,在这里,怎样做才算正确呢?要回答这个问题并不难:除上西里西亚外,普属波兰在经济方面是德意志帝国最不发达的部分。没有工业中心,生产制度过时,商业和高级工业受外国人控制,小资产阶级被围困在沙文主义和天主教的政治中——这就是社会主义鼓动在这里遇到的障碍。此外,文化斗争、流放法令、日耳曼化委员会等,在吸引人民的注意力的同时,也产生了这样一个结果,即把反对派的政治交给贵族、地主、工商业暴发户和神父议员这些特权阶级来执掌。文化斗争给神父议员罩上了一个虚假的殉道者的光环。

最后,我们注意到,在波兰的这部分国土上,社会主义鼓动只能在反社会党人非常法的制度下进行,并且已由我们的原籍是俄属波兰人、而在这里的身份是外国人的伙伴着手进行,他们受到当地警察蛮横无理的对待。此外,甚至我们在波森的伙伴所受的惩罚比起在德国的伙伴来也要严厉得多。普鲁士政府想借助警察的暴力来扼杀方兴未艾的宣传鼓动。

鉴于在普属波兰经济条件还没有达到足够成熟的地步，我们认为，社会主义鼓动在这里不会发展到像在一场内部政治危机的情况下可能达到的那样大的规模，而这个危机的最初征兆已经出现了。文化斗争结束了；至于我们的民族党，它通过它的代表——议员科米罗夫斯基、科斯切尔斯基等人之口向国王发表了效忠的声明，从而使最天真的人也擦亮了自己的眼睛。因而，我们的国内政治也正在发生危机，可以说，政治上的破产已经正式表现出来了；对于这种破产，其管理人只能是波兰社会党，它正迅速组织起来，尤其是自从今年初便开始在柏林出版的党的机关报《工人报》创刊以来。

在加利西亚，即奥属波兰，确切地说，工人运动是从1890年5月1日开始的。这个由社会党人领导的运动是以社会民主党的纲领为基础的。1890年11月，加利西亚工人党成立了，它的第一个目的是把一切工人组织引上政治运动的轨道。当这个党开始组织职业工会的时候，它很快就在加利西亚的社会主义运动中奠定了真正的和可靠的基础。

现在，在伦贝格、克拉科夫和斯坦尼斯拉沃夫都有由社会党人领导的工人组织。这些组织都能根据我们党的需要迅速扩大。

我们党在加利西亚有两个机关刊物：《劳动报》和《工人报》。

加利西亚波兰社会党人参加了奥地利社会民主党1891年代表大会，并证明，不仅在经济问题上，而且甚至在奥地利帝国国内劳工政策问题上，他们都和德意志、捷克以及奥地利境内其他民族的工人组织携手并肩前进。

现在，我们来看一看俄属波兰的情况。这个地区受到俄国沙皇政府的锁链的束缚，处于最困难的政治条件下。俄属波兰尽管受到了严重的政治压迫（这种压迫是任何其他专制制度——不管是现代的还是古代的专制制度——都无法比拟的），尽管处在一个一切工人组织、工会或行会都被严格禁止的国家的统治下，它仍然站在波兰社会运动和政治运动的前头。随着农奴制的废除和经济的较大发展，俄属波兰已卷入欧洲国际生活的漩涡。不幸的是，这块土地在1861年和1863年又浸透了鲜血。此时，在贵族波兰的坟墓上盛开着现代资本主义思想之花，而工业则在实证主义的军旗下被理想化了。然而革命传统决不允许这种流产的自由主义在人们的精神上扎下太深的根。从1878年起，在华沙开始有了社会主义运动。这个运动起初具有某些宗派性质，然而却始终倾向于成立一个阶级组织。从1878年起，在华沙工人中间建立了抵抗力量的秘密基金。

1883年，斗争的思想获得进展；通过初次尝试成立一个名叫"无产阶级"的集中组织，斗争的需要在政治上得到了肯定。1884年以来，我们组织的迅速增长使俄国政府感到震惊。尽管沙皇政府并不比别国政府聪明，但它绝不是没有为了自己的利益而利用我国的社会主义运动的思想；它也想对一个只把经济问题提上议事日程的运动采取宽容的态度。这种策略在其他政府中往往找不到实施的对象，对我们只能有利；为了避免一切误会，每一次我们的组织都不得不强调这一政治态度。

直到今天所取得的成果表明了我们的伙伴的干劲。去年，我国的政治情况已经允许庆祝五一节；今年，我们已在华沙进行了庆祝，参加庆祝的工人有2万多人。同一天，罗兹举行了一次胜利的罢工；日拉尔杜夫的一家纺织工厂的全体工人（9000人）停止工作来进行庆祝。我们读到了从波兰最黑暗的农村寄来的、写给那些远离自己的故乡来寻找工作的波兰工人的信。这些信表达了对五一节的感人肺腑的信心和殷切的希望。

一件不是没有意义的事实是，当社会主义者在5月1日进行的庆祝在我们这里获得巨大成功的时候，5月3日举行的保守的和爱国的示威游行却遭到了真正的大失败。群众中发生的这一变化，赋予我们的社会主义组织一项新义务：革命党要想成为我国最强大的党，就必须肩负起领导全民族的重任，并表达它的主要愿望。波兰社会党人要更加坚决地履行这一义务，因为受到在法国掀起的试图扼杀那里的共和国的犯罪鼓动鼓舞的沙皇似乎想在欧洲政治中扮演一个侵略者的角色。面对这一事实，波兰无产阶级将不会忘记它作为国际社会主义家庭中的一员所承担的义务。

由波兰3个部分的代表组成的出席1891年布鲁塞尔代表大会的波兰代表团认为，为了在波兰发展社会主义思想和为了国际社会主义政治的利益，只成立一个单独的组织是必要的；一方面，这将使它在波兰的3个部分都以同样的方式组织起来的反对敌人的阶级斗争易于进行；另一方面，这将使它能够在自己的国家中发挥出色的政治作用。

普属波兰和奥属波兰的政治条件和法律条件为把社会主义工人组织起来的活动创造了必要的环境，在这两个地区，波兰党按照同这些国家的社会民主党签订的协定行事。至于俄属波兰，那里根本谈不上工人群众的合法政治活动问题，在那里，波兰社会党人在对待他们的俄国同伴方面，始终遵循万无一失的国际团结的原则。

罗马尼亚工人党的报告

罗马尼亚基本上是农业国。在罗马尼亚，农民是人数最多的、最重要的劳动者。这类劳动者的经济状况和社会状况是由从封建主义向资本主义状态过渡的方式，以及第一次把土地分配给农民（1864年的法律）的方式所决定的。

在罗马尼亚，刚刚统治了30年的自由资产者的地位，是以和西欧完全不同的方式确立起来的。罗马尼亚根本没有强大的、依靠不断的斗争最终能够战胜封建制度的第三等级。这个国家几乎完全是农业国，根本没有大工业，几乎完全没有大资产阶级。由开小铺子的商人、面包师、屠夫组成的小资产阶级，在这个国家尽管人数众多，但他们所代表的力量还不够强大，单靠这些力量本身还不能使现存制度发生某种巨大变化。战胜封建制度的决定因素不是国内条件，而是国外条件；战胜了封建的罗马尼亚人（旧贵族和地主）的不是罗马尼亚资产阶级，而是在西欧获胜的资产阶级，它保证了相对来说非常软弱的罗马尼亚资产阶级对相对来说非常强大的罗马尼亚封建制度的胜利。

资产阶级只是在引进资本主义制度之后才开始有了发展。在西方，资本主义制度是资产阶级的产物；而在罗马尼亚，毋宁说，资产阶级是资本主义制度的产物。

毫无疑问，我国社会发展的这一历史进程，对我国的社会生活来说，有相当大的重要性。

只要紧紧抓住实现这种转变的方式，我们就能想象得出罗马尼亚农民阶级目前陷入极端贫困和无比悲惨的境地的原因。像这样的贫困和悲惨的境地，在欧洲任何其他地方都见不到第二个例子。

罗马尼亚农民阶级的经济状况和社会状况对这个国家和对罗马尼亚社会主义的发展来说都极其重要，所以我们必须强调指出这一点，以便很好地认识这种状况。

引进自由资本主义制度的基本条件之一，显然是在旧贵族和农民之间废除了农奴的人身依附关系。

不废除这种关系，当然就谈不上资产者的个人自由问题，谈不上劳动的自由问题，谈不上法律面前人人平等的问题，更谈不上其他一切说得很漂亮，但实际上毫无效果的问题了。

1848年革命者首先关心的事情，是直至1864年才实现的废除农奴的人身依附关系，即解放农奴。但是，用使农奴立即同劳动工具和土地脱离并把土地交给旧贵族的办法来解放农奴，是办不到的。解放农奴所产生的必然结果是把土地分配给农民，即把一小块土地作为个人的、不能转让的财产交给每个农民，而不顾旧贵族保守分子的抗议、嚎叫和绝望。

农民得到了一小块劣等土地，靠它提供的产品农民无法维持生活。鉴于这样一个事实，即罗马尼亚的耕作方法是粗放的，分配给农民的土地一般说来质量是低劣的，地力在耕种几年之后就会被完全耗尽，就会使土地不能提供维持农民家庭生活所必要的收成。此外，农民完全没有饲养牲畜所必需的牧场。

为了获得牧场，农民不得不去请求大地主照顾；雪上加霜的是，农民的土地往往离他的家很远，他要到地里去干活就得经过旧贵族的土地，而贵族们则不让农民自由地通过他们的土地，说这是侵犯他们的财产。农民由于没有足够的土地，没有牧场，他的一小块土地往往又是一块插花地，周围全是地主的，因此，没有旧贵族——他原来的主人——

的允许，他就无法到那儿去，在这种情况下，农民在获得解放后，不要多久就会处于完全依赖的地位，处于经济上真正受奴役的地位。

在收割完庄稼之后，地主或农场主就拿走他们的一份，这部分绝不少于整个收成的一半，有时甚至占全部收成的三分之二。

然而，除了这些实物地租之外，农民还有其他一些附加义务：他必须按照规定的天数在旧贵族的耕地上劳动，还要用一定时间来把旧贵族的粮食运进谷仓；他必须按规定的数量向旧贵族缴纳鸡蛋、鸡、鸭、鹅、羔羊，等等。另外，为了取得过路和给牲口饮水的权利，农民还要履行一连串名目繁多的义务：他，他的妻子，或他的孩子必须去给人干几天活，有时是耕地，有时是在玉米地里锄草，有时是运东西，等等。

如果有人敢于反抗，地主和农场主拥有强迫农民就范的一切行政手段，外加军队；负债累累和倔强的农民受到压制，被拷打，被折磨，被强迫劳动，这就是他的天职！这在西欧是闻所未闻的事，然而在我们这个在很大程度上还保存着东方习俗的国家里，却是每日都可见到的令人憎恶的现实。

1864年分配土地后在地主和农民之间建立的经济关系，其结果导致农民丧失全部财物并沦入可怕的赤贫境地。

1864年的法律宣布农民的土地是不能转让的，然而，这些土地却以不同的形式和方式落入资产阶级之手。罗马尼亚农民的无产阶级化，在不到四分之一世纪的时间内，就以惊人的速度实现了。

1880年前后，1848年民主派的幸存者对他们的行为的后果感到震惊。其中之一，真诚和多愁善感的民主主义者、罗马尼亚自由派公认的领袖 C. A. 罗塞蒂在当内务部长时，曾下令进行农村调查，调查的结果证实了一个可怕的现实：一个劳动日的工资等于5分钱！目前在巴黎和比利时学习的罗马尼亚青年社会主义者搞了一次募捐活动，以便铸造一种纪念章，纪念章上面有一句题词："一个劳动日值5分钱。"请注意，这样的合同绝非例外！

罗塞蒂部长设法通过了一项法律，自此以后，农民和地主之间的一切非法契约，也就是有关转让土地的契约，都被宣布"无效"。

不幸的是，这项法律几乎没有付诸实施。可是，资产阶级却不能原谅罗塞蒂的这种胆大妄为；他被迫辞去部长职务。代替这位民主主义者的是罗马尼亚资产阶级的头面人物、前1848年革命者若安·布拉蒂亚诺。他毫无保留地为资产阶级服务，甚至变成了资产阶级的化身。从那以后，罗马尼亚资产阶级的真正胜利的进军才开始了。农民阶级确实陷入水深火热之中，没有正义，也得不到保护，任凭地主和农场主对他们进行肆无忌惮和不受限制的剥削。

为了说明对农民的压迫严重到何种程度和对农民的保护措施缺乏到何种程度，我们即使只从罗马尼亚报刊根据各种简单的事实的重要性逐日所作的报道中也可以引证大量的事实。我们在这里只指出一点就够了，即行政当局、地主和农场主像在中世纪那样对农民滥施酷刑和拷打，这类事件在我们这个不幸的国家里层出不穷，以致它们既不令人感到愤慨，也不使人感到惊奇。

罗马尼亚人的国家，有辽阔的地域作为国家的财产。这片地域受到资产阶级的掠夺和蹂躏；它的一部分以极低的价格被出卖，另一部分以更低的价格卖给了农场。全国的农场主又把这部分土地分割成许多小块，然后通过土地契约并依靠行政当局的帮助把它们租给农民。他们越来越多地摧毁农民的财物。这就是在我国发生的原始积累过程。

土地有一个天然保护人：它的所有者；至于农民，在资产阶级的社会里，自由的、没有任何保护人的农民，则命中注定要成为农场主的猎获物。对农民进行的这种残酷的剥削的结果之一是，地租大大提高了。一个具有特征的事实是：罗马尼亚资产阶级的首领、总理若安·布拉蒂亚诺在一次议会演说中自吹自擂地说，在一个极短的期限内，在他的统治下，地租增加了一倍，甚至两倍，这对他来说意味着国家财富的增加。真是弥天大谎！要知道，事实是最近几年来，粮食的价格不仅丝毫没有提高，反而降低了；事实是，资本根本没有被用来改良土地，土地的肥力不仅没有提高，反而明显降低了。

地租的这种大幅提高，只能导致劳动力价格的大大降低和对农民的剥削的加重。

1885年访问过罗马尼亚的比利时经济学家德拉夫莱先生赞扬了罗马尼亚贵族和大资产阶级所过的奢侈豪华的生活，但是，当他看到罗马尼亚农村和农民的小屋时，给他留下的却是令人难忘的痛苦印象。他说，这些小屋甚至还比不上非洲中部的住宅。这位比利时经济学家无意中泄露出来的东西，就是穷奢极侈和极度贫困之间存在着的解不开的连环套。极度贫困是穷奢极侈的反衬。农民虽然跌落到了社会底层，但仍然试图对地主施加本来可能行之有效的压力：大批逃亡。

在农民当中有人开始逃往保加利亚和塞尔维亚。逃到塞尔维亚的农民的遭遇相对来说要好一些。由于罗马尼亚政府的干预，这股潮流被武力制止了。保加利亚不让罗马尼亚农民越过它的边界。逃亡的农民太多了。1888年爆发了被称为罗马尼亚农民起义的运动。这次起义毋宁说是示威运动，但由于发生了以下两件事，示威运动变成了暴力行动：一是一个非常残暴的农村镇长被杀死；二是一个官吏和一些生性残忍的乡镇委员会委员遭到了殴打。

但是，这种暴力行为足以使空论家和文人（青年派）政府首脑的信誉扫地，因为他们对这次在局部地区发生的起义进行了血腥镇压。这次农民起义还有待于历史学家们去评说，他们会描述军队根据青年派政府的特别命令所干的无数骇人听闻的暴行。罗马尼亚议会和青年派政府被农民起义和社会主义宣传吓得惊慌失措，魂不附体，它们赶紧投票通过一项新土地法，这项法律宣布，国家的全部地产将分成小块出售给农民。这项已表决通过的法律不过是一个大骗局。关于向农民提供用来购买农具的贷款的提案被否决了；相反，当局决定在每个村庄向富裕农民出售大片土地，从而形成一个农村小资产阶级。这个阶级将是防止革命倾向的堤防；实际上，它将通过并吞更穷的人的土地、把他们变成经济上受奴役的阶级来压倒农民阶级。

现在，我们打算谈一谈产业工人的情况。罗马尼亚资产阶级的奠基人感到，有必要建立大工业，这是资产阶级及其政治机构发展的首要条件。但是，这一事实本身已经证明，对于资本来说，建立新的产业部门非常困难，而要使现有的农业生产贫困化则十分容易。

这个拥有方便的积累手段的资产阶级，当它着手建立强大的工业的时候，总是证明了自己的明显的无能。尽管捐税很高，尽管消费者必须作出的牺牲是巨大的，但昨天诞生的民族工业始终停滞不前。由于资本家的最无耻的剥削，这种情况还难以维持下去。有些刚刚勉强建立起来的工厂，让工人每天从早上5点一直干到晚上9点。不消说，他们的工资都少得可怜。举一个例子来说，皮瓦耶什蒂有一家雇有200多名工人的纸板厂，该厂的工人有一半是青工，尤其是10—14岁的女青工。这些不幸的人每天劳动16—17小时才获得30—35分钱的日工资。至于年纪大一点的工人，他们的工资顶多到1法郎。

现在罗马尼亚处在马克思所说的以少量工厂和大量小作坊为代表的工场手工业时期这一工业发展阶段。马克思断言，在这个时期，对工人的剥削特别严重。①罗马尼亚的经济状况证明，马克思是正确的。几乎所有的作坊都很狭窄、肮脏、不通风，繁重的劳动一天持续16—18小时，工资菲薄。相反，作坊老板的态度却残暴、粗野到极点。生产奢侈品和工艺品的工人，以及那些要求有较长的学徒期的行业的工人，可以

---

① 参见《马克思恩格斯文集》第5卷第532页。——编者注

稍微多获得一点报酬。印刷工人每天工作12—14小时，每周工资为20—25法郎。机械工人、制铁工人和木材工人、高级制鞋业工人等等的情况也大致相仿。

工资上的这种差别的原因在于：自1880年以来，由于农业、商业、金融方面的剥削，以及其他种种盘剥，罗马尼亚资产阶级开始变富了。今天，资产阶级是一个人多势众的和强有力的阶级。这个有钱人的阶级正在寻找最近30年来有相当大发展的城市。为了满足各种各样的需要，必须大量进口各式各样的外国商品。由于保护关税的限制，有些可以在罗马尼亚的城市制造的产品不得进口。为此，人们不得不从国外聘请国内缺少的能工巧匠。自然，这些工人不愿意离开他们的祖国到一个工资比本国低的国家中来，因此，他们要求大大提高报酬。

在罗马尼亚存在着一个人数众多的店员阶级。经营小商店的商人接受儿童当学徒，让他们无报酬地工作4年或6年，这是老板认为学会做生意的必要期限。其实，只需一个月就可以学会做生意的本领。学徒工在4—6年以后，每月可以挣得40—50法郎的工资。

这些商业小奴仆每天劳动17小时，连一天休息时间都没有，因为商店在星期日不关门。

从最小的年龄起就被剥削的第二类不幸的童工，就是古老行会的最后残余——手艺——的学徒工。这些学徒工是穷人家的孩子，他们就像商店伙计一样受到剥削。的确，他们一天要干16—18小时的活，而老板除了供给食物之外，其他什么也不给。

他们不能上学读书；看到父母这样穷，他们命中注定也没有可能超越这个社会条件。因此，这些不幸的人的生活是可怕的。他们从黎明一直劳动到半夜，每天只在干活的房间里躺在悬吊起来的普通木板上睡五六个小时。至于学徒制的经济后果，我们仅指出两点，即这些当做工人的学徒中的激烈竞争和这种竞争造成的必然结果——工资的减少。

＊　＊　＊

　　现在，谈谈罗马尼亚社会主义的发展情形。直至1874年，在我国不存在社会主义，甚至社会主义这个词也没人知道。此外，当时的经济条件也不允许在罗马尼亚存在社会主义，因此，社会主义者的活动不可能在这里开始。

　　欧洲社会主义不是直接地，而是间接地——即通过俄国，从西方国家输入到罗马尼亚来了。

　　这一点很重要，因为正是这个原因，罗马尼亚的社会主义从它诞生的时候起就带有这个时代的俄国社会主义的标志。这种俄国社会主义是马克思主义和革命的巴枯宁主义、无政府主义的理论以及道德形而上学宗派主义的混合物。一些俄国侨民和在罗马尼亚避难的比萨拉比亚的罗马尼亚人，在雅西这座边境附近的城市带来了社会理论的这个混合物。他们开始在学生中，在中学教师中，在小学教师中，总之，在有教养的社会中，到处积极进行宣传。

　　在工人中进行的宣传未能取得多大效果，这是由于这个时代的社会主义的性质和当时拥有的宣传手段很少所决定的。过了一些时候，雅西的社会主义者出版了一份带有无政府主义倾向的报纸《比萨拉比亚》。这个名称使人想起被俄国兼并的比萨拉比亚。

　　罗马尼亚的这种无政府主义没有也不可能有很大的影响，因为青年人大部分都有严肃的科学的文化素养，这种文化素养和无政府主义的概念水火不容。由于自由党政府的迫害，《比萨拉比亚》报在存在了几个月之后就消失了。

　　自由党政府仇视罗马尼亚社会主义的出现和它的理论宣传。在这个政府看来，社会主义是空想，是儿戏；然而，社会主义也使政府感到不安，它只是在等待消灭社会主义的有利时机。这种时机很快就出现了。

1881年3月18日，雅西的社会主义者决定举行示威游行，以庆祝巴黎公社周年纪念日。准备工作已得到警察局的允许。

俄国驻雅西领事得悉此事后，向罗马尼亚政府提出抗议，借口是，这次有俄国侨民参加的、在沙皇亚历山大二世被炸死后第六天举行的示威游行，看来是对俄国恐怖分子的赞许。自由党政府禁止了这次示威游行。

我们之所以首先研究雅西的社会主义，是因为运动最早是从这里开始的。同样的运动在布加勒斯特也发展起来了。在布加勒斯特，像在雅西一样，社会主义者的活动只限于在有教养的阶级中进行宣传，这个宣传在大学生中获得了相当大的成功。有才能的青年社会主义者开始在一个名叫"弗兰泽拉尔"的大厅里举办一系列公开的演讲，这些演讲对青年人产生了极大的影响。

1884年在我国社会主义发展的历史上是一个重要的年份。我们已经说过，社会主义者怎样在抛弃无政府主义的公式时，迅速向欧洲的科学社会主义转变。1884年在雅西出版了一份由若安·纳杰日杰主编的《社会评论》杂志，该杂志的理论部分是由罗马尼亚马克思主义者康·多布罗贾努-盖雷亚撰写的。

《社会评论》杂志使罗马尼亚社会主义带上了西欧已经具有的国际社会主义性质。

这家杂志，从它的内容来看，只能影响有教养的人。显然，这是一个巨大的缺陷，绝大多数民众由于没有受过充分的教育，因此不能掌握它所阐明的理论，从而无法接受社会主义宣传。这个缺陷为在布加勒斯特出版的一种日报《人权》所弥补了。这家报纸用社会党的适当措词，使《社会评论》杂志上阐明的理论变得通俗易懂。由律师、记者和大学生主编的这家报纸不仅受到了爱好者的极大欢迎，而且更受到了小资产阶级的欢迎。不幸的是，突然发生的巨大的财政困难迫使报纸停刊了。

* * *

在继续阐述社会主义运动之前，我们应探讨一个极其重要的问题。我们将对那种不相信社会主义在罗马尼亚有存在的可能性的观点作出回答。持有这种观点的人甚至怀疑社会主义的合法性，最奇怪的是，这种怀疑竟然是以社会主义理论本身为依据的。

在这个国家，没有或几乎没有工业无产阶级，而正是这个阶级应当成为未来社会的组织者；所以，在资产者看来，罗马尼亚的社会主义活动不过是一种异想天开的事，它不能证明自己是正确的，只是一种老实的和徒劳无益的模仿。这个社会主义标签顶多只能掩盖一个激进党的成立。对于所有这一类的说法，罗马尼亚社会主义者已经不止一次地用发表在《人权》报上的文章予以回答。为了同一目的，他们出版了一本名为《罗马尼亚社会主义者想干什么》的书。

我们说，1848年的资产阶级社会在它必需的经济基础事先根本不存在的情况下，在它甚至不是由众多的资产阶级分子组成的情况下，还是依靠这种制度已在西欧获得胜利这一事实，在罗马尼亚建立起来；同样，我们革命的社会主义者正在没有强大的无产阶级帮助的情况下引进社会主义组织。

除了已经说明的理由之外，罗马尼亚社会主义者还有人数众多的农业工人阶级作为自己的后盾，他们正在或将要更多地把这个阶级吸引到社会主义运动中去。另一个有利于我们事业的因素是社会主义者的国际团结。

这个因素不仅非常强大，而且还将以一种比欧洲资产阶级对罗马尼亚资产阶级的帮助更有效得多的方式来帮助社会主义的罗马尼亚。此外，社会主义的完善组织决不会再遭到损害；与此同时，罗马尼亚资产阶级和资本主义的机构本身不顾对劳动生产力的破坏，正为社会党开辟道路和扫清地盘。

对于这些从历史本身的发展中提出的反驳论据，罗马尼亚资产阶级避而不答，而只是继续不停地叫嚷说，我们的社会主义是舶来品。

无可否认，欧洲或美洲的社会主义必然负有领导运动的使命，这是因为在那些地方斗争的条件和社会主义宣传的条件要比在罗马尼亚有利得多。同样无可否认的是，从策略的观点来看，罗马尼亚社会主义应当拥有自己的武器，即经济条件和经济场所，它必须在这个经济场所上进行活动，因为这是它自己的经济场所。我们举一个例子来说：保护劳工并规定八小时工作日这个在西欧非常引人瞩目的问题，在罗马尼亚决不应成为一个格格不入的问题。可是，农民和地主之间的农业契约问题，因为关系到保护农民的利益和反对地主的剥削，所以这个问题对罗马尼亚来说，将比所有其他问题都重要。

罗马尼亚社会党之所以有理由存在以及它和欧洲社会主义关系密切的原因在于：它们两者都有共同的信念、共同的倾向，这就是建立一个团结和和谐的社会。在这个社会里，一切劳动工具都将属于社会所有。至于达到这一目的手段，各国将视自己本国的特殊情况而定。

* * *

我们党的实际活动的最初表现是在农民中积极开展鼓动工作，这项工作是由雅西的社会主义小组，尤其是我们的不辞辛劳的朋友若安·纳杰日杰进行的。在1887年开始的这个鼓动工作，由于涉及农民的直接利益，也就是说，由于提出了实施土地法的要求，所以使农民感到关切,并激发了他们的热情。C. A. 罗塞蒂时代制定的这项法律在某些方面对农民是有利的,但由于地主们施加的压力,乡镇行政当局将它束之高阁,不予理睬。

社会主义者的鼓动,其功绩在于使农民了解了这项法律。这种鼓动所取得的成功也是相当显著的。农民大量汇集到雅西来要求土地。我们感到,在出版专门为在农民中间进行宣传的《工人》周报的同时,还必须成立一个劳动者俱乐部,在这个俱乐部里,也就是在劳动者中间,社会主义者将告诉劳动者他们遭受苦难的真正原因和实现他们的正当要求的方法。

我们在罗曼、巴克乌、瓦斯卢伊、普特纳等城市也进行了同样宣传;在罗曼,这些宣传鼓动的效果是,莫尔聪当选为罗马尼亚议会议员。同年,在若安·布拉蒂亚诺政府垮台和农民起义之后,若安·纳杰日杰不顾行政当局的令人可憎的压力,成了雅西第三选举团(农民选举团)的代表。议会解散后,V. 莫尔聪再次在选民面前亮相。这一次,他成了第三选举团和第二选举团(小资产阶级和自由职业者选举团)的代表。纳杰日杰也将出席议会。在布加勒斯特,律师、社会主义者米勒和该市的社会主义者一起成立了一个俱乐部,它成为罗马尼亚社会主义的中心,尤其是在我们已经谈到过的那次选举之后。

首都是这个国家工业最发达的城市。在首都,社会主义必然具有它在西欧所具有的那种性质。围绕着俱乐部,成立了几个行业工会,即制鞍工人联合会,制鞋工人联合会,印刷工人联合会,等等。布加勒斯特劳动者俱乐部的特点之一是里面有许多外国工人。这些人多半都是邻近国家的劳动者,他们并不长期居住在布加勒斯特。一段时间之后,他们就各自回到自己的祖国,并把他们学到的社会主义理论带回去,在他们的同胞中间进行宣传。关于在布加勒斯特的一些学院中学习的外国青年(塞尔维亚人、保加利亚人、希腊人)的情况,也同样如此。因此,布加勒斯特成了东欧社会主义的策源地。

现在，罗马尼亚社会党——即"工人党"——有3个主要俱乐部：布加勒斯特、雅西、加拉茨；在其他一些城市，如罗曼、布勒伊拉、普罗耶什蒂、福克沙尼等，还有大量会员。我们还要着重提一下巴黎罗马尼亚社会主义大学生俱乐部，它为党提供了许多积极分子。

罗马尼亚社会主义者的全部活动可以概括如下：通过举办演讲会、出版小册子和《工人》周报等方式进行宣传；通过劳动者的政治组织争取政治权利——即普选权，争取直接改善他们的物质生活；通过组织劳动者，争取把工人从政治奴役和经济奴役下解放出来。

在罗马尼亚，社会主义宣传的成效已经以庆祝五一节的方式表现出来了。为履行1889年巴黎国际代表大会（罗马尼亚社会主义者曾派遣5名代表出席这次大会）的决议，我们在布加勒斯特、加拉茨等地庆祝了五一节；仅仅在布加勒斯特，1890年参加五一节庆祝活动的就有3000人，1891年有4000多人。这些数字尽管对西欧的城市来说是微不足道的，但在我们这里其他性质的示威运动中，却是难以达到的。

关于社会主义者在农民起义和在制定关于把国有土地出售给农民这项法律的过程中所起的作用问题，还必须讲几句。我们已经说过，1888年苦难达到了顶点，瓦拉几亚的农民在许多地区起义了。

社会主义者既没有参加，也没有鼓励这个运动，而是在尚未爆发起义的地方竭尽全力来阻止这个运动的发生。他们采取这种态度的理由是：罗马尼亚农民还没有组织起来，对于自己的要求还没有清楚的想法，他们的起义只会被淹没在血泊中，而他们的整个阶级将受到更残酷的奴役。

摩尔多瓦的农民派了一个代表团来找若安·纳杰日杰。他和其他社会主义者向农民们说明，他们的起义多么有害，同时还向他们指出，为了获得胜利，他们应当遵循什么样的行动路线。这就是说，要组织成为一个阶级的党。无可否认，正是社会主义者的影响阻止了摩尔多瓦起义的爆发。罗马尼亚的某些社会主义者批评党的这种态度；他们倾向于一种更加革命的态度，但是他们以守纪律的精神服从了大多数人的决定。

罗马尼亚社会主义者在制定关于把国有土地出售给农民的法律这件事情上，再次表明了自己的立场。

他们要求不把占全部国土四分之一的大面积公有土地分成小块出售，相反，应购买一些私人土地来扩大它，然后，再把这样形成的大面积土地划分为农场，以略为提高的价格卖给农民和农民公社。此外，国家还应当向他们提供购买劳动工具、机器和役畜等的资金。

这个草案被资产阶级议会否决了。工人们甚至没有时间来了解修正案，他们本来是可以对议会的表决施加一定压力的。关于出售小块土地的法律就这样被草草通过，从而变成既成事实。

* * *

罗马尼亚的社会主义经过了15年，尤其是最近6年的激烈斗争后，有了自己的俱乐部、自己的刊物和一个政党。无论是旧的还是新的资产阶级党派都毫不犹豫地建议与这个政党结成选举联盟。这个党已经把自己的代表送进了罗马尼亚议会，并迫使舆论承认罗马尼亚社会主义的存在。今天，15年来一直忽视和轻视社会主义的人物和事件的舆论，承认罗马尼亚的社会主义是当然的事实。每个村庄都有自己的社会主义骨干；在很偏僻的村庄，农民也受到社会主义核心的宣传鼓动的影响。在许多公社，农民推选社会主义者当自己的代表。社会主义者每天都在取得更多的成就。不过，党还太年轻，又遇到大量困难，显然对国家还不能产生决定性的影响。但是，我们获得的成果是令人鼓舞的，它使罗马尼亚社会主义者有资格成为国际社会主义大军中的一支小分队。

瑞士职业工会联合会的报告

瑞士这个国家的工业很分散；它的 22 个州的立法机关各不相同，有时甚至是互相矛盾的；它的人民操 3 种不同的语言；这里有大量外国工人定居；在这个国家里，工人运动必然带有特殊的性质。

600 年来，我们都生活在共和制度和自由制度下。但是，近年来发生的事件已经向我们证明，在资产阶级共和国和君主国之间没有多大差别。最近在瑞士建立的政治警察，就是一个新的证明；政治警察的建立擦亮了长期以来昏昏欲睡的瑞士劳动者的眼睛。

过去，搞社会主义运动的几乎完全是外籍工人，主要是德国人；现在，瑞士工人已开始加入运动，因为他们懂得了他们备受称赞的自由不过是幻想而已。因此，对外国人怀有的沙文主义仇恨正趋于消失。

今天，大部分行业协会是社会主义的，它们不仅要求经济改革和政治改革，而且首先想要加强无产阶级大军的队伍。

然而，我们几乎不可能进行认真的宣传，因为工人们不懂得把自己的力量联合起来和采取共同行动的好处。

瑞士意大利语区和法语区的文化水平较高。我们在这两个地区的同志同时要办的事情太多，没法写出大量像样的作品。德裔瑞士工人什么也不干。现在情况已发生变化。然而，不应陶醉于幻想。在棉花、生丝和羊毛工业以及花边饰带业中，工人仍然不愿意参加运动。

在有 20000 从业人员的刺绣业中，只有少量工人参加了工会，其余的人仅仅参加了他们的互助协会。每 8 个司机中，只有 1 人是工会会员。在钟表制造业的 30000 名工人中,有 12000—15000 人参加了他们的职业组织。在伐木工人中,有 1/8 的工人是工会会员。

至于主要在瑞士东部各州,即圣加尔州、阿彭策尔州、图尔高州、格拉鲁斯州和苏黎世州兴起的刺绣业,这个行业的工人所遭受的最大痛苦是生产过剩造成的痛苦。要把这些工人组织起来非常困难,因为他们并不总是集中在工业中心,而是分散在农村地区。

钟表制造业在汝拉山区,即索洛图恩州、伯尔尼州、诺伊尔堡州、弗里堡州和日内瓦州较为发达。在这个行业的 40000 名从业人员中,有 12000 人不是工会会员。工会的力量不算强大,它防止老板雇用非会员工人。这些工人同他们的德裔瑞士伙伴没有关系。

印刷业包括两个团体:德语团体和拉丁语即法语和意大利语团体。前者拥有 1000 名工人,后者拥有 500 名工人。这个协会起初一事无成。1889 年它提议为全瑞士的劳动力规定统一的价格。在老板拒绝这个提议之前,印刷工人已决定举行总罢工。经过顽强斗争,印刷工人获得了胜利。

然而,必须提一下下列行会的那些无与伦比的工人,他们最先认识到了职业工会的好处。这些工人是:冶金工人、玻璃工人、图书装订工人、制鞋工人、毯垫工人、缝纫工人、油漆工人、编筐工人,他们成立了"瑞士行业团体联合会"。

这个协会在 1883 年有 7000 名会员和 193 个小组,非常兴旺。1885 年以后,这个强大的协会已把它的会址从日内瓦迁往苏黎世。1886 年,这个协会的工人建立了支援罢工的预备基金和资助丧失劳动能力者的救济基金。这两个基金都设在伯尔尼。

然而,工人联合会在 1888 年分裂为一些纯粹的政治团体;与此同时,第一个工人行动委员会成立了,它最终让位于"瑞士社会民主党"。

1888年，当分裂发生的时候，罢工基金由一个七人委员会管理。由于党的这个委员会遇到了困难，1891年1月25日召开了一个有270多位代表参加的大会。

大会精心拟订了联合会章程，现将它的主要条款摘录如下：

1. 瑞士行业团体总联合会包括瑞士行业团体的一切组织。

它的宗旨是：保护行业，维护工人利益，消灭雇佣劳动制和按照社会民主党纲领实现生产资料的联合。

5. 每个小组保证享有自治权。它加入联合会只有一个目的，这就是使工人运动保持统一方向。

6. 联合会拥有预备基金，它应当用来帮助劳动者进行争取改善他们的生活的斗争。

7. 为了支付宣传鼓动费用和管理基金费用，每个会员每一季度缴纳0.60法郎会费，其中10分用于基金管理。

9. 联合会的内部事务由联邦委员会管理。联邦委员会由12名委员组成，委员每年改选一次。在它之外，还成立一个检查委员会。

同样，将任命一位领工资的联邦书记。迄今为止，这位书记尚未任命。

21. 如某个行业团体打算举行罢工，它必须把它的声明告知中心委员会（如果设立有这个委员会的话），并接着告知联邦委员会，同时附上关于工资、劳动时间、罢工人数等的说明。

26. 只有得到行业团体委员会和联邦委员会的允许才能举行罢工。联邦委员会将探寻在工人和老板之间是否有达成协议的可能。

29. 一个小组必须在加入行业团体联合会3个月之后，才能指望罢工得到联邦委员会的支持。

向罢工工人提供多少救济金，将由委员会作出决定。

另外，印刷工人和伐木工人还有私人基金。

行业联合会拥有自己的机关报《工人之声》，这份报纸有很多读者，它也同样属于瑞士社会党。

　　一个把所有瑞士工人协会集中起来的运动正在形成。在瑞士的一些大城市，这种联合已经实现。在伯尔尼就有40多个结成同盟的小团体。

　　自1889年6月以来，在瑞士爆发了大约30次罢工。事实已经证明，这些持续时间很长的罢工对劳动者来说是来之不易的胜利。

　　我们还要证实一点，即由于工会的干涉，避免了大量冲突。

　　我们在瑞士工人中所做的宣传鼓动工作，概括起来就是这些；我们向布鲁塞尔代表大会的代表们致敬。我们现在要对他们说瑞士代表曾经在巴黎代表大会上说过的话：

　　再见，

　　两年后愿我们在瑞士再相会！

报告人

奥古斯特·梅尔克

1891年8月12日于苏黎世—赫尔斯兰登

挪威工人党的报告

挪威工人党成立于1887年。它包括17个团体，共有2500名党员，其中400名是女党员。

党拥有两家报纸：《社会民主党人》报和《工人之声》报；前者在克里斯蒂安尼亚①出版，每周出3期；后者在卑尔根出版，每周出2期。

工人党的最强大的对手是自由党人。尽管他们拥有资金，但是我们已经有可能夺回工人运动的领导权。

我们每年为争取普选权和八小时工作日而举行的示威游行（分别在5月17日和5月1日），受到大多数劳动者的热烈欢迎和同情。

挪威是一个只有200万人口的国家。在我国缺少宣传员和鼓动员，因为在一个多山的、面积比比利时大10倍的国家里进行宣传是非常困难。举个例子来说，在这个国家，从一个大城市到另一个大城市，需要走两天半，它们之间的距离很远。

由于地理位置非常不利，思想发展面临巨大困难，人们应当了解这一点。但尽管如此，社会主义还是日益兴旺，一切工人组织都将赞成社会主义原则的日子已经不远了。

一般说来，民主思想在挪威占统治地位，但是只有6%的居民享有选举权。

党在选举中通常都是和自由党人一起投票，后者已把普选权列入他

---

① 今奥斯陆。——编者注

们的竞选纲领。党还没有提出自己的代表，但是在挪威王国的第二大城市①，自由党人的一半席位将属于社会主义者。

工人党已经开始在市镇选举中单独竞选。它的候选人提出了自己的涉及广泛问题的纲领，他们有望大批进入市镇议会。

---

① 即卑尔根。——编者注

阿根廷工人联盟的报告

我们这个不幸的国家正处在绝望的经济危机中。大地主阶级的成员通过军阀掌权这种专制暴政统治着我们。这是一种极不公正的寡头制度，它允许大地主阶级成员为了本阶级的利益进行疯狂的、无限制的剥削。

由于这个制度，国库资金已被盗窃 4.94 亿比索，即 24.7 亿法郎；14 个省，甚至全国政府都濒临崩溃的边缘，以致无法偿付它们的债务；15 家官方银行和其他 7 家私人银行被迫宣布没有偿付能力；如果共和国总统的正式讲话可信的话，3 年来国家财富所遭到的损失已高达 10 亿多比索。

资本的集中已达到这样的程度，即国家财富有一半掌握在 200 个大财主手中。

1889 年移入阿根廷的移民差不多有 30 万人，现在变为向国外移民了，而且向国外移民的人数与日俱增。据估计，今年移出阿根廷的移民超过 10 万名劳动者。

亲爱的同志们，你们了解得很清楚，在这种情况下，一般说来，工人阶级的生活只能是最悲惨、最令人绝望的。

我们的大批伙伴已经离开阿根廷到巴西或欧洲去了，其他的人也准备离开；必要时他们甚至不惜卖掉自己的最后一件衬衣，以筹措路费，因为很多人找不到工作。

大批工人回到农村去了，在那里为了挣得几乎是微不足道的工资，他们在种植园和家畜饲养场同印第安人竞争。大批内地人只要有口饭吃就肯干活。

没有哪一个国家像这里那样，生命和财产随便听人摆布。

工人阶级——无产者——没有权利，没有保障。

1890年5月1日，我们成立了阿根廷工人联盟。我们向众议院递交了一份要求保护劳工（八小时法等）的请愿书。但是，请愿书直到现在都没有受到重视。因此，今年我们又重新提交了请愿书。

我们原定在今年五一节举行的游行，受到了无政府主义者的严重干扰，他们喋喋不休地鼓吹总罢工、袭击商店和社会革命。

我们不愿意受被无政府主义者的荒谬言论激怒的警察的蹂躏，因此，我们没有参加上述游行。这次游行导致警察对示威者的攻击，在冲突中有人受伤，有人被捕。按照我国的惯例，被捕者不能很快获释，不管他们多么无辜——而喋喋不休的无政府主义者却及时躲开了，他们像怕得要命的羊群那样溜掉了。这就是他们的策略。

我们社会民主党人用秘密集会的方式在布宜诺斯艾利斯、拉普拉塔、查斯科马斯、圣菲、门多萨以及其他地方庆祝了劳动节。

我们尽了最大的努力，尤其是通过我们的机关刊物《工人报》（西班牙文版）和《前进报》（德文版）来宣传社会主义。

我国的工人报刊还有以下几种：《人民之友》（共和派刊物，意大利文版）；《工人联合》（反社会主义刊物，不定期出版，西班牙文版）；《印刷工人》（西班牙文版和意大利文版）和《被迫害者》（无政府主义刊物，西班牙文版）。

我们正竭尽全力同和我们作对的命运进行斗争，以利于解放无产阶级和人类的崇高事业——我们绝不放松。

国际社会主义万岁!

联盟委员会:
L. 巴瑟斯、卡里泰、G. 胡梅尔
C. 科根、A. 屈恩、C. 毛利
帕拉奇斯、普雷拉、J. 皮克雷斯
里戈利、罗卡、D. v. D. 蒂森

俄国社会党人的报告

自从我荣幸地向巴黎代表大会（我受几个俄国社会主义小组的委派出席了这次大会）提交了一份关于俄国社会主义者所进行的反对帝国专制制度的斗争情况的报告①以来，已经过去两年了。对我关于这个时代所作的简略概述，我没有什么重大的事件要补充。但是，我的巴黎朋友们和我不想错过这个机会在新的国际代表大会上向来自世界各国的社会党人表示他们的俄国同志的赞同和兄弟情谊。在资本主义世界处于防守一方的国家鉴于自相残杀的战争而结成三国同盟或四国同盟的庄严时刻，在眼看着这场战争日益临近、《马赛曲》这首从前的革命歌曲和对一位把生命垂危的病人送上绞架并把妇女和儿童鞭笞至死的暴君的颂歌被不伦不类地一起奏响的时刻，我们俄国社会主义者的义务是，向一切国家和一切种族的社会主义者表达我们的兄弟情谊以及我们对君主专制政权和剥削资本的仇恨。

俄国的情况没有多大的改变。缺乏任何有组织的工人政党，缺乏任何强大的、把革命的社会主义者联合起来的组织，这始终是我们的宣传事业和我们活动发展的巨大障碍。自由派面对专制政府，同样缺乏干劲，这使它不能形成一个在国内有影响的政党；这种情况清楚地表明，这样的党的核心，将来只能由那些坚定不移地宣布他们的信念的社会主义者组成。

---

① 见本书第14卷第88—96页。——编者注

当局继续不经判决并常常仅凭自己的怀疑就大规模逮捕俄国青年知识分子，并把他们流放到西伯利亚和北方各省去。一切因自己的真正科学的著作而产生影响的教授，一切在自己的作品中发出鼓舞人心的号召的作家，也同样成为警察怀疑的对象，并有被看做是国家敌人的危险。

俄国犹太人所遭到的野蛮而荒诞的压迫，已在全世界，特别是在操英语的国家激起公愤。我国的所谓"慈父般的"政府由于未能有效地预防在帝国20个省内发生并可能危及其余各省的饥荒，而再次证明了它的无能和对人民的漠不关心。

只有彻底摧毁俄国现存的制度，彻底摧毁这个反动的和在各方面都腐败透顶的制度，我们这个不幸的国家的生活才可望有所改善。由于事物的同样逻辑，俄国社会主义者将不得不承认革命社会主义的旗帜，而不是别的旗帜；他们只能在明确肯定的社会主义原则的范围内寻求拯救祖国的办法；他们正在进行，并将继续进行他们反对帝国专制制度的斗争，而绝不妥协。

俄国革命社会主义者高兴地看到，他们的斗争得到了他们的外国兄弟的同情，甚至也得到了那些在俄国运动中只看到政治革命的旧因素的阶级的同情。这种同情甚至明显地表现在仅仅偶然涉及我国的真正运动的一些事件上。有几个俄国青年流亡者被指控在巴黎制造爆炸装置。他们并没有搞这种活动，有关当局只是根据毫无道理的推测把他们判处监禁。于是，人们纷纷对被监禁者进行声援，这种声援不仅来自社会党人，其中包括哈雷代表大会的代表，而且也来自各国人士和自由派团体。一个俄国前警官已请求巴黎方面予以协助。尽管官方进行迫害，尽管渴望复仇和耽于可能同俄罗斯帝国旧式专制政府结成同盟的幻想的法国各政党陶醉于爱国主义的狂热中，我们仍然得到了法国社会和报刊的意外同情。在大洋彼岸有一个名叫肯楠的人，他在热情洋溢的演说和重要的文学著作中坚决、公开地维护俄国革命事业。在英国和美国，为数众多的团体组织起来支援俄国的革命运动，尽管它们多少受到了一点那些企图无视我国革命者具有的社会主义因素并宁愿把他们说成是在1688年的英国和1789年的法国进行斗争的那些党的幽灵的报刊的迷惑。毫无疑问，俄国社会主义者对所有那些不管出于什么动机同情他们的斗争的人只有表示最热烈、最衷心的感谢。但是他们不想隐瞒，他们唯一的旗帜是国际社会主义的红旗；他们正在为反对专制制度而斗争，尤其是因为这个专制制度在俄国是宣传科学社会主义的致命障碍；他们作为社会主义者，肯定自己是先前在俄国以及其他地方为人类进步而进行的一切斗争的真正的实际继承者；他们从前只是作为社会主义者组织起来，他们希望重新组织起来，以便形成一个有影响的政党的核心；最后，他们号召专制制度的一切敌人加入他们的队伍，以便尽快推翻俄国现存的反动制度。

　　正是这种信念把我们同一切国家和一切民族的社会主义者联合起来。正是这种信念促使我们，我的朋友们和我，向参加布鲁塞尔国际代表大会的我们的兄弟们致以兄弟般的敬礼。他们的组织是我们赖以建立我们未来的结构的唯一政治基础，他们的胜利将是我们的胜利。国际社会主义每向前迈进一步，都在我们心中燃起新的希望。世界各国的社会主义者都是兄弟！请永远记住，我们的斗争不管采取什么形式，都是为了同样的、也是鼓舞你们的事业而进行的斗争，即为了最终解放劳动而进行的斗争。

彼得·拉甫罗夫
1891年8月9日于巴黎
圣雅克大街328号

俄国《社会民主党人》杂志编辑部给国际社会主义工人代表大会（1891年8月于布鲁塞尔）的报告

公民们！

俄国社会民主党人没有派代表参加今年的国际社会民主党代表大会。

他们的缺席不会给你们造成任何实际困难：在你们的决议中，我们的声音不会有多大的重要性，更确切些说，它不会有什么分量。尽管如此，我们相信，向你们说明我们不参加的原因还是有益的。

公民们，你们大家如果有时间和愿望来阅读这篇报告，就能了解10年来在整个文明世界引起轩然大波的俄国革命运动的实际情况。

我们开门见山地报告我们的情况，既没有无益的客套，也没有响亮的词句。任何掩饰对我们的运动来说都是有害的，对你们这些全世界社会民主党的代表来说都是不合适的。

向你们报告真实情况是我们的**义务**，这个义务之所以更容易完成，尤其是因为我们的实际情况远非暗淡无光；相反，现在在俄国的经济生活中可以看到许多现象，使现存制度的反对者们真正有理由对未来抱有希望。

正像你们所知道的那样，我国政治状况的特点是，我国的专制政府几乎是史无前例的；这个专制政府把我们的惨痛记忆中的西方专制制度的最坏的方面，同东方专制制度的全部丑恶结合在一起。俄国沙皇政府同时依靠欧洲的科技发明和农民的亚洲式的愚昧无知。它利用科学来更好地组织自己的力量；它利用农民的愚昧无知来宣称政府是最适合俄国人民**民族精神**的政府。

可以想象得出，这个臭名昭著的民族精神不过是政府臆造的、绝妙地用来替它的存在辩护的荒谬诡辩。无须证明，没有哪一个国家的人民生来愿意过沙皇陛下的臣民所过的那种卑贱和贫穷的生活。俄国人民根本没有类似的愿望。政府称之为人民的民族**精神**的东西，不过是俄国经济不发达造成的这种精神的**不发达状态**而已。

这种经济不发达状态被认为是我们的民族精神的非常引人注目的表现。我国的亲斯拉夫的反动分子和革命的巴枯宁分子一样，只是异口同声地称赞这种民族精神。无论是前者还是后者，在他们的理论中都同样热心地把民族精神同西方"资本主义的"发展对立起来。俄国已从资产阶级、无产阶级、对抗阶级及其斗争中被拯救出来了，这就是他们同唱的一个调子。因此，反动分子作出结论说，威胁欧洲的社会革命在俄国不可能发生。因此，巴枯宁分子说社会主义在我国将很快获得胜利。这是这两派在理论上的唯一分歧点。

向你们这些革命无产阶级的代表们强调现代无产阶级在历史上所肩负的革命使命是多余的。同样，要证明哪里没有无产阶级，哪里也就没有真正的社会主义运动也是多余的。你们大家都知道得很清楚，正像恩格斯所说的那样，当代社会主义只是"无产阶级运动的理论表现"[1]。凡是没有无产阶级的地方，也就没有社会主义的基础。

如果要证明我们的论断的话，那就要用完全不同的材料。你们可能会对这样一种学说，即**没有无产阶级的社会主义**感到惊讶。在当代，它可能在某些国家的革命者中找到信徒。

---

[1] 参见《马克思恩格斯文集》第3卷第567页。

然而，如果你们想一想，这种古怪的理论同巴枯宁的宣传是密切联系在一起的，这就不会使你们再感到难以置信了。你们可能知道这个人的矛盾、晦涩和形而上学的学说。此人有时被人当成卓越的辩证法家，其实他不过是一个拙劣的诡辩论者。

在10来年中，俄国是巴枯宁主义的牢固阵地。由于巴枯宁主义者的宣传，社会民主党人这个名称本身在俄国革命者中被搞臭了。1883年年底以前，当我们开始宣传科学社会主义的时候，我们的敌人对我们进行了猛烈的抨击，说我们同情德国社会民主党的思想和行动。

这种抨击的确是有根据的：我们是同情德国社会民主党的。我们向我们的同胞说，德国社会民主党是名副其实的无产阶级政党，了解它的理论和它的行动对俄国人来说是必要的，尤其因为俄国人，甚至在西欧的俄国人，直到那时所研究的都是巴枯宁主义者的学说和实践。

我们被逐出了革命党，遭到世人的诽谤，受到政府的迫害，许多年来不得不同巴枯宁主义者的各式各样的学说进行斗争。这是一件苦差事，不过已经差不多完成了。现在我们可以庆幸，传播科学社会主义的障碍已经扫除了，虽然巴枯宁主义者的偏见在许多俄国社会主义者的思想上还留下不少痕迹，不过在那些传播哪怕只带有一点点革命色彩的思想的人中，再也没有人敢把我们对社会民主党的同情视为罪行了。相反，在俄国革命者中，这种同情正与日俱增。

说真的，我们反对巴枯宁主义者的斗争，有时甚至在西方社会民主党人中引起了恐惧，他们认为这个斗争是不合时宜的。他们担心，我们的宣传会在革命党内引起纠纷，会削弱革命党反对政府的斗争。但是这种恐惧尽管是十分正当的，不过幸而是没有根据的。

我们不是为了理论而牺牲革命运动的实际成就的教条主义者。如果我们能够相信，俄国革命斗争的胜利取决于——即使在很小程度上取决于——保持巴枯宁主义者的偏见的话，我们是会默不做声的。但是，经验告诉我们，事实恰恰相反。我们不得不承认，巴枯宁主义已成为使我们的运动削弱的根源。因此，我们同巴枯宁主义进行斗争，正是为了恢复我们的力量。

公民们，请注意，我们所说的巴枯宁主义者不单是指无政府主义者。已故的彼·特卡乔夫自认为是布朗基的拥护者。他同无政府主义者进行过斗争，并同巴枯宁本人论战。然而他关于俄国社会条件的整个思想却打上了不折不扣的巴枯宁主义的烙印。

和巴枯宁一样，他把我国经济生活的落后状态看做是我们将很快获得进步的保证。和巴枯宁一样，他在理论上也把俄国农民同西欧无产者对立起来。在他看来，俄国农民充满了**共产主义理想**。

同样，在受著名的"执行委员会"领导的"民意"党看来，俄国无产阶级的发展只是一部悲惨的历史。这个党不遗余力地寻找俄国落后状态的证据。它找到的证据越多，它对胜利就越自信。把俄国同西欧对立起来，是这帮作者最心爱的题材。

这个党是由在我们这里被称为**知识分子**的社会阶层组成的。也就是说，它的成员是一些大学生、各种自由职业者和军队中的各式各样的军官。他们并不反对工人，但他们不重视同工人结成联盟。在他们看来，一个军官的作用比100个工人的作用大得多。

"民意"党不愧是一个俄国的党。由于它，反对政府的斗争空前高涨。但是，几乎完全来自"知识分子"的"人民意志"的拥护者不可能有很大的数量。他们的力量足够用来进行辉煌的小战斗，但不能用来进行决定性的战斗。

这个党的名称是同我们这里叫做恐怖主义斗争的思想密切联系在一起的。这种斗争的方式就是对沙皇政府的官方代表直到沙皇本人进行暗杀。

这种斗争方式不是"民意"党发明的，但"民意"党以最大的干劲把它付诸实践，并获得了最大的成功。

有人认为我们这些社会民主党人是"恐怖主义"的反对者。但是，原则上说，我们决不反对"恐怖主义的"斗争。

我们只是在它表现了革命党的软弱这一点上才反对它。在暂时对我们的政府进行"恐怖活动"时，它最终只不过使**个别人**受到威胁，而对**制度**没有损害。

有人死了，他们的位置马上就会被别人顶替，沙皇政府不仅仍然是稳定的，而且还得到了加强，因为它得到了既被上头的反动也被恐怖主义者的大胆行动吓坏了的上等阶级的支持。

革命党消耗掉的力量比它赢得的力量大。不难猜测，这会导致什么结果。在亚历山大二世于1881年3月被人暗杀以后，我们的运动明显地衰落了。

某些新的暗杀行动的成功，没有改变而且也不可能改变局势。亚历山大二世死后3年或4年，在俄国出现了好几个由或多或少具有革命思想的青年人组成的小组。但是，在俄国没有哪个党，没有哪个秘密革命团体，对沙皇政府哪怕构成一点点威胁。

这还不是一切。可以证实，差不多在同一时期，在迄今为止一直是运动的倡导者的那个社会阶层中，革命激情减退了。

很清楚，如果革命者不能把新的社会阶层吸引到自己的队伍中来，他们的事业就会彻底失败。在这一点上，全体革命者的看法都是一致的；但是，当问题涉及决定应同哪个阶级、哪个社会阶层接近时，在革命者当中就出现了分歧。

一些人主张，革命者应融合到"社会"中去，也就是说，融合到上等阶级中去；另一些人建议转向产业中心的无产阶级。

前者不可避免地倾向于自由主义，后者倾向于社会民主主义。

我们的自由派根本不能掌权：一个具有自由主义思想的人，在我国政府的眼里是一个可疑的人。

作为反对现存制度的党，我们的自由派显然是我国的一支进步力量。

不幸的是，他们根本没有同政府进行积极斗争。他们根本不敢越过"**和平的**"和"**合法的**"反对派这条狭隘的界限。

革命者只有放弃全部革命活动才能同自由派融合。

此外，应当看到，我们的自由派的软弱性在一定程度上还取决于他们的理论。

迄今为止，自由主义思想对我国的工业资产阶级只有微弱的影响。

在大多数情况下，我们的自由派如同那些老的、受过锻炼的巴枯宁派革命者一样，属于俄国人所说的"知识分子"阶层。对于这个社会阶层的大批人来说，自由主义往往只是一个演变阶段。

身为大学生的"**社会主义者**"，只要文凭一到手，找到了职业和有了地位，就会变成"**自由派**"。

因而，毫不奇怪，我们的自由派丝毫没有摆脱"俄国社会主义"的某些偏见。作为"社会主义者"，他们津津乐道阶级斗争和劳资之间的对立在我国没有意义这一话题。

如果我们的自由派没有把这一理论发展到荒谬的地步的话，那对他们来说，这个理论将是非常方便的。既然劳动反对资本的斗争在俄国是没有意义的，为什么自由派不向俄国劳动人民求教呢？为什么不把他们集合到自己的旗帜下面来呢？然而，在这里我们俄国自由派的思想和西欧自由派的思想之间的巨大分歧就出现了。

西欧自由派说，工人同资本和平共处可以得到很多好处。

俄国自由派甚至否认在俄国存在着无产阶级，基于这个原因，他们在这方面什么也没有说。

我们的自由派所说的人民，指的是农民。

但是，自由主义思想对农民没有影响；这一点自由派知道得很清楚，而他们也根本没有进行努力，以便把农民吸引到自己这边来。

由此得出什么结论呢？农民漠不关心，无产者"根本不存在"，剩下来就只有把希望寄托在自由派自己身上了。但是，这帮先生们比任何人都知道得更清楚，这种骗人的希望有多大的价值。

公民们，你们知道，凡是在自由派对他们国家的政治生活有影响的地方，他们之所以能够产生影响，应归功于人民，尤其应归功于无产阶级。没有他们的宝贵支持，自由派就会失去他们的一切力量，因为脱离人民的自由党，不过是一个光杆司令，而光杆司令们，单是他们自己，是吓不倒任何人的。

同样，俄国自由主义装做看不见无产阶级的革命力量，甚至否认这个无产阶级的存在，不愿接近我国大城市中的劳动群众，好像这是毫无意义的事情，因此，俄国自由主义已经注定完全无所作为。

因此，沙皇政府丝毫也不害怕这样的敌人；事实上，它根本不怕他。

我国那些夸大革命党的力量的反动派对自由派采取蔑视的态度。他们嘲讽地给我国的自由派取了一个绰号：伪自由派。如果我国的自由派继续无视绝对必须接近我国大城市的劳动人民这一政治斗争的基本常识的话，他们的说法将是有道理的。

但是，如果他们不预先抛弃关于俄国社会生活的全部陈腐观念，他们就不能理解这个基本常识。

他们只愿意知道俄国生活处于经济停滞状态中；他们应当从经济发展的观点来研究俄国生活，他们应当承认现实的和不断发展的状况，而不是留恋过去存在的、现在越来越成为带有爱国主义色彩的令人怀念的东西。

从这个观点来考察的俄国经济结构，有一个同旧的东西完全不同的方面，不管对我国的反动派，对我国的自由派，以及对我国的巴枯宁分子来说，旧的东西有多么珍贵。

在"不朽的"尼古拉在位期间，人们还能把"神圣的"俄罗斯的政治经济同"腐朽的"西方的政治经济对立起来。

把俄国农民束缚在土地上的农奴制度，给工业无产阶级的诞生设置了难以逾越的障碍：交通线完全是原始的；工商业非常不发达；交换还没有进入农民的农村经济。

看来，警察保护的大手好像使一切进步运动都完全不可能发生。

但是，早在这个时期，有识之士已经认识到，我国的旧经济制度已不能继续保持不变了。

在尼古拉统治的末期，工商业已获得巨大发展，连内务部也不得不证实，农奴制和俄国的经济利益是不相容的。

尼古拉去世后，改革的时代来到了。恩格斯写道，克里木"战争证明：哪怕出于纯粹军事上的考虑，俄国也需要铁路和大工业。于是，政府着手培植俄国的资本家阶级。但是这个阶级没有无产阶级是无法存在的，而为了创造无产阶级分子，不得不实行所谓农民解放；农民为了人身自由把自己最好的一部分土地给了贵族。他们手中剩下的土地，对他们来说饿死嫌太多，活命嫌太少。这样，在俄国的农民公社被根本破坏的同时，新兴的大资产阶级却由于铁路公司的种种特权、保护关税及其他优惠办法而像在温室中一样发展起来；于是，在城市和乡村里开始了一场真正的社会革命"①。

这场社会革命一直延续至今。离开土地或没有必需的生产工具的农民的人数在以惊人的速度增加。统计表明，这类农民已占俄国全体农民的60%。

---

① 《马克思恩格斯文集》第4卷第382页。——编者注

农村小资产阶级完全统治着农民，而大资产阶级则购买日趋没落的贵族的土地。

旧经济制度的解体，使资本主义获得了自由发展的机会。然而国内市场再已不能满足它的需要了。

俄国资产阶级遇到了外国资本家的、它谴责为不诚实的竞争。于是它力图在中亚、在波斯、在蒙古、在中国，直至阿比西尼亚，为自己开拓销售市场。沿里海修建的铁路帮了我国工业家的大忙。横跨西伯利亚的铁路将使他们获得更多好处。总之，如果说尼古拉皇帝只是士兵的皇帝，那么，亚历山大二世则是资产阶级的皇帝，而在这方面，他的儿子正忠实地效法他的榜样。

可以援引一个自称为俄国党或民族党的党的理想来描述我们时代的特点。1890年，这个党的一个党员在巴黎出版了一本在许多方面都非常有教益和非常有趣的书。这位沙皇政府和正统派的爱国辩护士努力告诉他的法国读者，真正的俄罗斯精神的最优秀的品质是什么。这是一个表现亲斯拉夫倾向的很好的题材！但是，只有当作者谈到俄国贸易的前途时，他才是雄辩的。他写道："俄国由于自己的地理位置注定要成为亚洲大陆的产品同西方国家交换的天然转口站……因而不久的将来，俄国注定要成为不管是西方还是东方的贸易的不可或缺的中间人。将来，在俄国修建的铁路直接达中国的腹地的那一天，在它的实力雄厚、不管打着什么旗号的航运和转运公司在近东的海洋上穿梭来往的那一天——在这一天，英国将失去它的海上霸权。"

"但是"，他继续写道："为了达到这个目的，它不能只满足于一条从俄国东方各省通往亚洲的道路；还必须有一个联结大动脉的水陆交通网。正因如此，俄国统治黑海的思想是理所当然的。众所周知，君士坦丁堡由于自己的位置，可以成为整个亚洲的账房和货栈"，等等。①

这就是我国反动派的理想。你们看，如果他们的梦想实现了，即使是部分地实现了，就会使俄国变成一个对西欧，尤其是对欧洲无产阶级说来危险的国家，这个危险将不仅是由它的大炮和刺刀造成的，而且也是由它的工业造成的。

我国政府正竭尽全力来实现这一爱国纲领。

正是由于这一巧妙的策略，我国工商业资产阶级没有倒向自由主义反对派（它的成员尤其来自从事"自由职业"的资产阶级思想家）一边。

欧洲无产阶级再也不能继续把俄国看做一个只是在世界市场上出售初级农产品的国家。俄国的工业在东方市场上将同西欧的工业进行有力竞争的日子已经不远了。**因此，世界各国社会民主党的切身利益是同俄国工人运动的进步密切联系在一起的。**

一支重要的工业无产阶级队伍在俄国的出现，是一个有重大历史意义的社会事件。近百年来，关于俄国的欧化，人们议论纷纷。许多亲斯拉夫的作者，因为对这种欧化的做法表示惋惜而获得文学桂冠。然而，长期以来只有贵族才不反对欧洲文化。其他的一切阶级，尤其是农民，都过着一种完全是亚细亚式的生活。现在，欧化涉及俄国的经济结构，因而也涉及整个俄国人民。在我国历史上，与工业无产阶级一起第一次出现了一支能够推翻沙皇政府并使我国加入文明民族大家庭的革命力量。我们可以毫不夸张地说，**俄国未来的一切进步都取决于俄国无产阶级在智识方面的发展。**

旧时代的俄国农民与欧洲的文化及自由主义思想毫无共同之处。他们的愚昧无知，是沙皇专制制度的最好基础。俄国无产者正在努力学

---

① 多韦林-切尔诺夫：《亚历山大三世时期的俄国民族精神》，1890年巴黎版。

习、掌握欧洲文化。凡是帝国书报检查机关允许民众图书馆继续存在的地方，工人读者都成群结队地涌来。每次举行群众报告会的时候，参加的听众都非常踊跃，以致会场容纳不下他们。

显然，一切似乎对人民有教育意义的东西，都要受到吹毛求疵的检查。用**合法的方式**来宣传即使只带有一点点进步性的思想都是完全不可能的。为了出版反对现存制度的书籍和小册子，人们不得不求助于秘密印刷所，或者不得不在国外印刷，更不用说，这类出版物只能偷偷散发了。

这个情况迫使革命党采取明确的和合乎逻辑的方法来遵循纲领。

我们必须做的事情就是在工人中宣传社会主义思想和组织工人协会，以便进行宣传和鼓动。

俄国无产者在革命运动中将不是一个生手。你们知道，在1880年2月去炸皇宫的是一个俄国工人。搞这个活动的思想本身产生于一个工人小组。将近20年来，尽管政治警察尽了最大的努力，但革命小组依然存在。

只要我国的革命者还囿于巴枯宁主义者的偏见，他们就不能对无产阶级产生巨大影响。他们的眼睛紧盯着过去。他们看不见俄国无产阶级的革命作用。

他们轻视政治自由，把它看做是资产阶级的诡辩。如果说他们偶尔也向工人呼吁，那么这是为了号召他们参加一场"**纯经济性的**"革命。大约在1879年初，一个秘密工人团体"俄国北方工人协会"发表了一个纲领，它把政治自由作为俄国无产阶级的第一个要求。几乎由清一色的巴枯宁主义者——大大小小的"知识分子"组成的"土地和自由社"这个著名的革命团体认为，它必须同工人团体的"资产阶级"倾向作斗争。

在俄国，正如在全世界一样，工人运动只有在**科学社会主义**的旗帜下，也就是说，只有在**社会民主党**的旗帜下，才能蓬勃发展。

社会民主党对政治自由绝不会采取漠不关心的态度。俄国社会民主党深信，**俄国工人党必须首先努力争取获得这种自由。**

一个主要从"知识分子"中吸收党员的党是不可能推翻沙皇政府的。它甚至没有足够的力量在一场决定性的战斗中发起进攻。它只能进行所谓恐怖主义的斗争这种**游击战**。工业无产阶级加入战斗将使我们走得**更远**。从今以后，受到威胁的再也不是坐在沙皇宝座上的**某一个人**，而是沙皇宝座本身的存在。

亲爱的公民们，这就是我们的信仰的表白。我们肩负着建立起一个遍及全俄国的工人团体网的任务。在这个目标没有实现之前，我们将不参加你们的会议。在这之前，俄国社会民主党的一切代表都是冒充的。

我们不愿看到冒充我们党的代表的现象。

我们深信，不久以后，我们将不再有理由缺席了。很可能，在下一次国际代表大会上你们就会看到俄国工人的真正代表。

目前，我们相信，你们大家不分民族都会祝贺我们取得巨大成功的。

社会民主党万岁！

世界各国无产者团结万岁！

受《社会民主党人》编辑部的委托：

格·普列汉诺夫

维·查苏利奇

附 录

布鲁塞尔国际工人代表大会代表名单

德 国

奥尔巴赫,A.,雇员代表,柏林。
巴德尔,F.,社会民主党代表,柏林。
倍倍尔,奥,国会议员,德累斯顿。
贝尔,A.,纺织工人代表,格拉。
拜尔,A.,纺织工人代表,勃兰登堡。
博克,W.,制鞋工人和民主派代表,魏伦费尔德。
布赖尔,E.,社会民主党代表,多特蒙德。
布鲁姆斯,J.,社会民主党代表,不来梅。
德雷斯巴赫,A.,社会民主党代表,巴登。
埃瓦尔德,Fr.,勃兰登堡代表,卢肯瓦伦。
芬德里希,A.,社会民主党代表,不伦瑞克。
费舍,Ed.,社会民主党代表,法兰克福。
弗兰克尔,莱,德国社会主义者俱乐部,巴黎。
戈尔德施泰因,H.,社会民主党代表,德累斯顿。
哈尔姆,弗,社会民主党代表,巴门。
亨宁,P.,西里西亚社会民主党代表,奥尔登堡。
胡格,P.,镟工代表,汉诺威。
伊雷尔,埃(女公民),德国男女纺织工人联合会,科特布斯。

李卜克内西，威，国会议员，柏林。

路克斯，亨，萨克森–安哈尔特民主党代表，德累斯顿。

迈斯特，C.，民主党代表，科隆。

麦斯特，H.，民主党代表，汉诺威。

梅茨格，W.，汉堡民主党和德国冶金工人代表，汉堡。

莫尔肯布尔，W.，国会议员，纽伦堡。

穆勒，E.，莱因兰和威斯特伐利亚纺织工人代表，科隆。

普日图尔斯基，B.，柏林波兰社会党代表，柏林。

泽基茨，符腾堡社会党代表，斯图加特。

施米特，E.，巴伐利亚社会党代表，慕尼黑。

施米特，J.，社会党代表，卡尔斯鲁厄。

施米特，R.，社会党代表，柏林。

舒马赫，G.，社会党代表，索林根。

施瓦尔茨，Th.，社会党代表，梅克伦堡。

辛格尔，保，国会议员，柏林。

斯塔特哈根，阿，社会党代表，下巴门。

乌尔里希，C.，社会党代表，黑森。

沃尔斯特，O.，旅美德国社会主义者代表，柏林。

韦施，C.，社会民主党代表，亚琛。

维蒂希，M.，萨克森社会党代表，德国雕刻工人代表，慕尼黑。

武尔姆，E.，萨克森社会党代表，格拉。

祖拜尔，F.，萨克森社会党代表，柏林。

英　国

艾威林-马克思，爱，煤气工人和杂工总联合会，伦敦。

艾威林博士，煤气工人和杂工总联合会，伦敦。

伯罗斯，赫，造船工人，伦敦。

班克斯，Gh.，印刷工人联合会，伦敦。

班迪奇，社会民主联盟，伦敦。

迪金，J.-J.，沃尔索尔社会主义者俱乐部，伦敦。

菲尔德，阿，肯特八小时同盟，梅德斯通。

吉勒斯，斐，各种行业国际联盟，伦敦。

霍布森，C.，工联设菲尔德理事会。

霍姆斯，约，工联莱斯特理事会。

亨特拉兹，W.，社会民主联盟，伦敦。

琼斯，J.，冶金工人联合会，伍尔弗汉普顿。

琼斯，F.-G.，社会民主联盟，伦敦。

尤金斯，R.，斯塔福德郡工联主义者联盟。

凯，W.，海员和司机国际联合会，罗克尔，森德兰。

列斯纳，F.，布卢姆斯伯里社会主义者协会，伦敦。

麦克唐纳，A.-W.，印刷工人联合会，伦敦。

奥格尔弗雷，约翰，苏格兰工人党，邓迪（苏格兰）。

奥利德尔，S.，社会民主联盟，伦敦。

帕涅尔，W.，木工联合会，伦敦。

皮斯，E.-R.，费边社，伦敦。

奎尔奇，哈，劳动同盟，伦敦。

桑德斯，威，八小时国际同盟，伦敦。

斯普罗，W.，海员和司机联合会，伦敦。

斯诺，W.，社会民主联盟，伦敦。

泰勒，H.-R.，工联伦敦理事会。

索恩，威，煤气工人和杂工总联合会。

沃克，约翰，木工联合会，伦敦。

奥地利

阿德勒，维克多，博士，奥地利社会党，维也纳。
海尔曼，Ad.，奥地利社会党，维也纳。
希贝什，约，捷克工人联盟，波希米亚。
考茨基，路易莎，伦敦。
波科尔尼，鲁德，奥地利社会党，维也纳。
罗伊曼，雅，奥地利社会党，维也纳。
里格尔，爱，捷克工人联盟，波希米亚。
罗雪尔，弗，波希米亚纺织工人，赖兴贝格。
舍恩，H.，维也纳冶金工人联合会，伦敦。
津堡，弗兰茨，捷克工人联盟，波希米亚。

比利时

安塞尔，爱德华，根特工人联合会，根特。
巴斯蒂安，阿蒂尔，社会主义小组，蒙斯。
巴茨勒，E.，木工互助会，布鲁塞尔。
贝尔特兰德，路易，总委员会，布鲁塞尔。
博伊肯多普，E.，镜子制造工人工会，布鲁塞尔。
博勒曼，A.，雪茄烟工人协会，安特卫普。
博略，亨利，木工协会，列日。
博齐耶，J.-E.，工人同盟，布鲁塞尔。
布格纳，H.，糖果制造工人联合会，布鲁塞尔。

布拉瑟，吉约姆，志同道合者，布鲁塞尔。
布伦德尔，约，德国社会主义者小组，布鲁塞尔。
布里尔，E.，锁匠工会，布鲁塞尔。
布里斯梅，玛丽亚，女公民委员会，布鲁塞尔。
布吕朗，阿尔贝，镀金工人联合会，布鲁塞尔。
布里安，J.，中部互助会员联盟，乌当-艾姆里。
卡尔瓦尔特，J.，劳动骑士联合会，瑞梅。
卡西曼，L.，糖果制造工人联合会，布鲁塞尔。
科克莱尔，Is.，油漆工联盟，布鲁塞尔。
克楠，H.，工人同盟，圣若斯-唐-努德。
克楠，J.，工人同盟，库克尔贝赫。
孔勒尔，保尔，工人同盟，拉卢维耶。
德克勒尔克，阿代勒，女公民委员会，布鲁塞尔。
德克诺普，G.，钢琴匠工会，布鲁塞尔。
德科斯特，J.，钢琴匠工会，布鲁塞尔。
德福，J.，互助会，艾讷-圣保罗。
德夫伊索，莱昂，博里纳日联盟，布鲁塞尔。
德弗奈特，古斯塔夫，总委员会，布鲁塞尔。
德雅热，J.，服务员工会，布鲁塞尔。
德尔波特，Ant.，总委员会，布鲁塞尔。
德吕克，F.，不信教者国际联盟，布鲁塞尔。
德尔沃，J.，社会主义宣传小组，布鲁塞尔。
德尔温克，制鞋工人工会，布鲁塞尔。
当布隆，塞莱斯坦，民众合作社，列日。
德穆兰，J.，座椅制造工工会，布鲁塞尔。
德沃，J.，工人同盟，布鲁塞尔。

德维尔德，根特联盟，根特。

德瓦特里蓬，L.，工人同盟，布鲁塞尔。

德维尔德，A.，木工协会，布鲁塞尔。

德温纳，奥，人民之家，布鲁塞尔。

杜尔，N.，平民（体育工作者），布鲁塞尔。

迪穆兰，F.，工人同盟，斯哈尔贝克。

埃格里克，让，工人同盟，于克勒。

埃尔贝斯，斐，冶金工人联盟，布鲁塞尔。

法布里，C.，顶棚抹灰工，布鲁塞尔。

福维奥，埃利泽，矿工联合会，瓦姆。

费龙，塞尔韦，工会地方联盟，瑟兰。

福尔东，P.，社会主义宣传小组，布鲁塞尔。

富卡尔，让，根特联盟，根特。

弗尔内蒙，莱昂，不信教者，布鲁塞尔。

加勒尔，吉约姆，矿工工会，蒂约尔。

海斯贝尔根，埃尔维雷，女公民委员会，布鲁塞尔。

海斯贝尔根，茹尔，平民（体育工作者），布鲁塞尔。

热拉尔，Em.，铅工和白铁工工会，布鲁塞尔。

热尔梅，J.，安特卫普联盟，安特卫普。

热尔维，J.，顶棚抹灰工，布鲁塞尔。

格雷戈里，Ch.，裁剪师协会，布鲁塞尔。

吉尔莫，Jos.，抵抗组织，普尔瑟。

阿勒，H.，社会主义青年近卫军，列日。

阿尔丹，斐，根特联盟，根特。

奥特基特，E.，帽子原料剪裁师联合会，布鲁塞尔。

埃兰，A.，中部冶金工人联盟，拉卢维耶。

赫歇尔，J.，社会主义青年近卫军，依克赛尔。
厄兹，L.，木工协会，安特卫普。
于让，N.，设备油漆工工会，布鲁塞尔。
于热，Prosp.，工人同盟，热特－圣皮埃尔。
卡明斯基，O.，钢琴匠工会，布鲁塞尔。
克特利茨，E.，社会主义大学生小组，布鲁塞尔。
拉奥，B.，公平劳动者，圣吉尔－列日。
朗比约特，J.，劳动骑士联合会，瑞梅。
朗佩，J.，工人同盟，圣吉尔。
勒西安，C.，社会主义侦察兵，圣若斯－唐－努德。
勒德让，Isid.，油漆工工会，布鲁塞尔。
勒鲁瓦，J.－B.，压制工和制毛毡工工会，屈尔热姆。
勒蒂尔克，设备油漆工工会，布鲁塞尔。
莱韦克，I.，社会主义青年近卫军，布鲁塞尔。
马斯，G.，社会主义宣传小组，布鲁塞尔。
马厄，约瑟夫，工人同盟，斯哈尔贝克。
马朗普雷，J.，民众小组，昂西瓦勒。
芒萨尔，J.，"前进"中部矿工联盟，拉埃斯特尔。
马凯，皮埃尔，工会地方联盟，瑟兰。
马尔奈特，埃内斯特，北部同盟，列日。
马鲁瓦勒，D.，工人合作社，弗拉默里。
马蒂厄，沙尔，那慕尔联盟，那慕尔。
梅尔斯克，J.－B.，工人同盟，圣吉尔。
默勒芒，Ch.，卢万联盟，卢万。
米歇尔，Ant.，工人同盟，库尔塞勒。
米切尔，Ch.，莫伦贝克合作社，莫伦贝克。

莫特尔曼斯，E.，安特卫普联盟，安特卫普。

穆宗，Eug.，民众合作社，列日。

南德兰，J.，那慕尔联盟，那慕尔。

奈伊康，E.，社会主义侦察兵，圣若斯－唐－努德。

奥克托，A.，工人同盟，布鲁塞尔。

佩尔曼，Ch.，铅印和石印工人联合会，布鲁塞尔。

帕尼，L.，服务员工会，布鲁塞尔。

皮克罗，Ch.，韦尔维耶联盟，韦尔维耶。

皮埃龙，Ev.，冶金工人全国联盟，布鲁塞尔。

皮莱，V.，糖果制造工人联合会，布鲁塞尔。

波利阿尔，J.，劳动者协会，布鲁塞尔。

雷纳尔，A.，机修工人协会，布鲁塞尔。

罗宾，J.，工人同盟，伊克塞勒。

罗谢特，L.，缝纫工人协会，布鲁塞尔。

罗埃朗，P.，皮革染色工联合会，莫伦贝克。

隆达什，J.－B.，大理石加工工人工会，布鲁塞尔。

罗斯，G.，镀金工人联合会，布鲁塞尔。

罗泰伊，P.，工人同盟，热特－圣皮埃尔。

卢梭，Em.，中部同盟，费伊。

卢梭，E.，中部互助同盟，若利蒙。

圣特，Alex.，友好工人，艾讷－圣保罗。

圣特，奥古斯特，工人同盟，艾讷－圣保罗。

圣特，F.，乌叙矿工协会，艾讷－圣皮埃尔。

萨斯，弗朗索瓦，木材工人联盟，布鲁塞尔。

塞尔弗朗克，P.，工人同盟，热特－圣皮埃尔。

塞维，格雷戈里，布鲁塞尔同盟，布鲁塞尔。

塞维，维克多，志同道合者，布鲁塞尔。
斯洛韦尔，F.，镀金工人联合会，布鲁塞尔。
斯彭特，H.，埃斯塔勒蜂群①，埃斯塔勒。
斯塔热，埃米莉，女公民委员会，布鲁塞尔。
斯坦德尔，C.，志同道合者，布鲁塞尔。
斯蒂尔曼，A.，服务员工会，布鲁塞尔。
斯蒂尔曼，E.，工人同盟，库克尔贝赫。
斯特罗伊梅特，E.，缝纫工人协会，布鲁塞尔。
施图贝，Fr.，木工互助会，布鲁塞尔。
泰尔克拉韦尔，H.，木工协会，布鲁塞尔。
托德尔，A.，"前进"印刷业同盟，布鲁塞尔。
于伊特雷尔斯特，J.，工人同盟，库克尔贝赫。
范阿尔斯特，E.，面包师工会，布鲁塞尔。
范贝韦伦，埃，根特联盟，根特。
范贝韦伦，J.，镀金工人联合会，布鲁塞尔。
范登布朗登，Fr.，木工协会，布鲁塞尔。
王德尔赫根，P.，铅工和白铁工工会，布鲁塞尔。
范德林登，Guil.，工人同盟，拉埃肯。
王德威尔得，埃，社会主义大学生，布鲁塞尔。
范德冯德伦，L.，工人同盟，圣若斯－唐－努德。
范多伦，J.，制鞋工人工会，布鲁塞尔。
范哈韦尔贝凯，H.，铅印石印工人协会，布鲁塞尔。
范英，H.，乐器匠工会，布鲁塞尔。
范伊姆佩，A.，设备油漆工工会，布鲁塞尔。

---

① 工人组织的名称。——编者注

范里尔伯尔格，E.，工人同盟，热特－圣皮埃尔。
范里尔伯尔格，Gust.，工人同盟，热特－圣皮埃尔。
万莱达，让，雪茄烟工人同盟，布鲁塞尔。
范洛，R.，前进印刷业同盟，布鲁塞尔。
韦尔兰当，J.，压制工和制毛毡工工会，屈尔热姆。
韦里肯，洛朗，总委员会和蒂比兹冶金工人组织，布鲁塞尔。
沃尔德斯，让，总委员会书记，布鲁塞尔。
瓦特莱，L.，翻砂工，埃斯塔勒。
韦里，G.，制鞍工人工会联盟，布鲁塞尔。
维尔马，E.，裁石工人工会，布鲁塞尔。

丹 麦

克努森，彼，社会民主联盟，哥本哈根。
奥尔森，马丁，木工联盟。
奥尔森，西，联合工会联盟，哥本哈根。
彼得逊，尼·洛，革命社会主义者联盟。

西班牙

伊格列西亚斯，帕，社会主义工人党全国委员会，马德里。

美 国

卡恩，阿伯拉罕，犹太语社会主义工会联合会，纽约。
赫恩，G.－A.，芝加哥工人联盟，芝加哥。

麦克韦格，G.-H.，美国社会主义工人党，纽约。

萨尼亚尔，吕西安，社会主义工人党和纽约、布鲁克林及新泽西工人联盟，纽约。

沃尔斯特，O.，美国社会主义联盟，开姆尼茨。

法　国

阿列曼，让，巴黎，圣索弗尔街51号。

阿尔吉里阿德斯，巴黎，里沃利街49号。

博丹，议员，巴黎，昆蒂尼（沃日拉尔）街。

布隆多，巴黎，沙佩勒街。

博尼埃，沙尔，巴黎，马达姆街75号。

布里瓦，乔治，巴黎，米肖狄埃街20号。

康比埃，巴黎，米拉街72号。

卡梅斯卡斯，库尔布瓦（塞纳），贝松街。

尚皮，巴黎，沙蓬街24号。

绍维埃尔，市议会议员，巴黎，博格勒内尔广场1号。

克莱芒，让·巴，沙勒维尔，贡札格街7号。

科隆巴，巴黎，洛里翁街45号。

科洛（小姐），巴黎，劳动介绍所。

库莱，让，马赛，和平街11号。

克罗齐耶，圣艾蒂安，里昂街3号。

德克鲁瓦，巴黎，福科尼耶街9号。

德让特，巴黎，特努瓦-弗雷尔街43号。

德勒克吕兹，加来，富尔阿肖街35号。

德雷，巴黎，樊尚大街48号。

德普雷斯,①

德维尔,加布里埃尔,巴黎,圣日耳曼大街116号。

杜梅,议员,巴黎,马尔街67号。

迪鲁塞,约瑟夫,蒂济(罗讷)。

法尔雅,加布里埃尔,里昂,圣塞巴斯蒂安山坡21号。

法布雷加,马赛,宫廷法官街5号。

费鲁耳,议员和市长,纳博讷。

德菲特,图卢兹,封丹街14号。

富扬,沙尔,市议员,罗阿讷。

热利,安德烈,巴黎,博士街14号(玛丽住宅区9号)。

格鲁西埃(A.),巴黎,路易·勃朗街59号。

盖得,茹尔,巴黎,奥尔良大街26号。

吉耶梅,巴黎,费尔阿穆兰街。

阿默兰,巴黎,佩尔内蒂街42号。

黑彭海默,巴黎,马尔卡什街48号。

雅克拉尔,巴黎,勒皮克街55号。

雅诺,塞特,大道街18号。

拉法格,保,佩尔勒(塞纳),香榭丽舍大街。

莱内,巴黎,圣雅克街288号。

兰伯特,阿尔丰斯,里尔,弗鲁瓦萨尔街5号。

朗德兰,巴黎,共和国大街257号。

拉沃,巴黎,维克达济尔街2号。

拉维涅,波尔多,拉格朗日街197号。

莱钉,圣艾蒂安,特雷伊街83号。

---

① 原文如此,缺该代表地址。——编者注

勒佩尔，鲁贝。

勒珀，A.，巴黎，诺伊沙托的弗朗索瓦街 1 号。

利穆赞，乔治，沙泰勒罗，柯尔贝尔街 10 号。

勒鲁瓦，A.，巴黎，格拉色街 37 号。

马隆，贝努瓦，巴黎，烈士街 8 号。

马洛里，马尔塞兰，蒂勒，维克多·雨果大街 100 号。

马丁，巴黎，贝尔维尔街 82 号。

马蒂内，图尔，巴黎街 14 号。

梅瑟，巴黎，巴尼奥勒街 167 和 169 号。

穆拉尔，埃尔伯夫，甘必大街 46 号。

奥凯茨基（德），亚历山大，巴黎，游行队伍街 34 号。

德奥西埃，巴黎。

帕科特，勒瓦卢瓦－佩雷，马耶兰街 3 号。

佩德龙，特鲁瓦市大制革厂街 23 号。

普吕当，德维莱尔，巴黎，帕斯卡尔街 50 号。

雷尼亚尔，阿，巴黎，盖伊·吕萨克街 35 号。

勒努，维克多，巴黎，马里奥特街 3 号。

鲁瓦奈，巴黎，弗洛孔街 2 号。

努塞尔，巴黎，皮加勒街 48 号。

罗齐耶，阿蒂尔，巴黎，斯坦维通道 6 号。

蒂夫里埃，议员，巴黎，蒂雷纳街 64 号。

苏西尼，博士，巴黎，巴尼奥勒街 60 号。

瓦扬，巴黎，贝尔托莱街 6 号。

瓦拉东，巴黎，瓦托街 5 号。

瓦莱特，阿林（夫人），巴黎。

旺达勒，D.，里尔，东街 6 号。

荷 兰

纽文胡斯,斐·多梅拉,荷兰社会民主党,海牙。
德茨瓦尔特,Ch.,油漆工协会,阿姆斯特丹。
德鲁克尔,W.(女公民),妇女自由协会,阿姆斯特丹。
格宾,F.-W.,卷烟工人联盟,阿姆斯特丹。
范德胡斯,P.,铁路职工联合会,阿姆斯特丹。
范克尔特,L.-W.,大理石加工工人协会,阿姆斯特丹。
范德穆森(女公民),妇女协会小组,阿姆斯特丹。
弗利根,W.-H.,印刷协会联盟,海牙。

匈牙利

恩格尔曼,P.,社会民主党书记,布达佩斯。
库尔施纳,J.,社会民主党,布达佩斯。

意大利

克罗切,约瑟夫,制手套工人联合会和工人党,米兰。
库利西奥夫,安娜,博士,社会主义同盟,米兰。
梅利诺,X.,工会联合会,伦敦。
屠拉梯,菲,工人党,社会互助小组,米兰。

波 兰

达申斯基，伊，加利西亚社会主义工人党。
坚布斯基，Alex.，"无产阶级"党的一个支部。
卡尼奥夫斯基，J.，俄属波兰社会革命党。
门德尔松，M.，"无产阶级"党的一个支部。
门德尔松，斯塔尼斯拉斯，加利西亚社会主义工人党。

罗马尼亚

迪亚曼迪，G.-I.，《工人》杂志，布加勒斯特。
莫尔聪，V.，议员，社会主义劳动俱乐部，布加勒斯特。
米勒，C.，律师，布加勒斯特劳动者俱乐部和制鞍工人协会，布加勒斯特。
拉科维策，雅西工农俱乐部，雅西。
拉多维奇，I.，巴黎罗马尼亚社会主义大学生小组。
塔拉努，D.，加拉茨劳动者俱乐部，《工人》杂志。

瑞 典

布兰亭，亚，社会民主工党，斯德哥尔摩。

瑞 士

布兰特，保尔，圣加尔。

鲍姆加特尔，Th.，格吕特利工人联合会，温特图尔。
曼茨，卡，巴黎代表大会苏黎世执行委员会，苏黎世。
宰德尔，罗伯特，格吕特利工人联合会，苏黎世。
武尔施莱格，欧，社会民主党，巴塞尔。
齐格里斯特，巴塞尔和阿尔萨斯的花边和纺织业工人，巴塞尔。

瑞士代表和苏黎世执行委员会的通告

1889年8月于苏黎世

尊敬的同志们：

国际工人代表大会（1889年7月14—21日在巴黎举行）专门委员会，在它于7月21日晚召开的会议上作出决议：委托瑞士代表任命代表大会决定设立的执行委员会。随后，瑞士代表于7月28日在苏黎世举行会议，与瑞士工人组织的代表——德国帝国国会议员奥古斯特·倍倍尔出席会议——共同作出下述决议：

1. 由五名成员组成的执行委员会将设在苏黎世。这个城市之所以适宜作为执行委员会所在地，不仅是因为它的地理位置，而且也是因为它在瑞士工人运动中所起的突出作用。

2. **卡尔·毕尔克利**（州议员）、**O. 朗格**、**卡·曼茨**（图书装订工）、**奥·梅尔克**（瑞士工人书记处书记）和**欧根·武尔施莱格**（议员及巴塞尔《工人之友》编辑）被选入委员会。后者被委任为书记和编辑。

3. 在获得资金保障之前，代表大会决定以三种语言出版的《八小时工作日》周刊暂时不定期出版。

4. 根据代表大会的同一决议，该刊的任务是：使争取八小时工作日的种种努力更紧密地结合起来，并让读者获得有关欧洲和美洲劳工保护立法的进展以及工人运动的情况的消息。

5. 为此目的，《八小时工作日》免费、免邮资寄送各国工人联合会及受托人，各国工人联合会及受托人应对周刊编辑提供支持，向其通报上述领域发生的一切事件。

6. 周刊出版、书记工作、翻译、印刷品等的费用每年预计约为15000—20000法郎（12000—15000马克），通过出席代表大会的各工人联合会的自愿捐款募集。

7. 苏黎世执行委员会负责领导这一工作，并向瑞士代表团提交致代表大会的关于其活动的全年度的详细报告。

8. 最后，它应同样在适当的时候为下一届代表大会的召开作出准备。

尊敬的同志们！

根据这些决议，我们请求你们对如下问题作出回复：你们愿意和能够为这一事宜的费用提供多少捐赠？以什么方式和在什么时候把捐赠送来？

没有充足的资金，代表大会及其主席团的决议就是一纸空文。如果这样，花费了极多的时间和资金的代表大会就不会获得任何实际的成果。因此，我们依靠你们的积极支持。

各民族人民的政治解放和社会解放万岁！

瑞士代表：	苏黎世执行委员会：
保尔·布兰特，圣加伦	卡·毕尔克利
亨利希·豪斯特，拉绍德封	O. 朗格
L. 施拉格，伯尔尼	卡·曼茨
奥·梅尔克，苏黎世	奥·梅尔克
斯蒂芬·格施温德，巴塞尔	欧·武尔施莱格
约·福格尔赞格尔，库尔	

捐赠和信件请寄给：苏黎世弗隆特恩州议员卡尔·毕尔克利先生。

图书在版编目（CIP）数据

第二国际第二次（布鲁塞尔）代表大会文献／童建挺主编.
—北京：中央编译出版社，2015.7
（国际共产主义运动历史文献／王学东主编；15）
ISBN 978-7-5117-2492-2

Ⅰ.①第…
Ⅱ.①童…
Ⅲ.①第二国际－会议文献－汇编
Ⅳ.①D145

中国版本图书馆CIP数据核字（2015）第180204号

第二国际第二次（布鲁塞尔）代表大会文献

出 版 人：	刘明清
责任编辑：	盛菊艳
责任印制：	尹　珺
出版发行：	中央编译出版社
地　　址：	北京西城区车公庄大街乙5号鸿儒大厦B座（100044）
电　　话：	（010）52612345（总编室）　（010）52612335（编辑室）
	（010）52612316（发行部）　（010）52612317（网络销售）
	（010）52612346（馆配部）　（010）55626985（读者服务部）
传　　真：	（010）66515838
经　　销：	全国新华书店
印　　刷：	北京印刷一厂
开　　本：	787毫米×1092毫米　1/16
字　　数：	233千字
印　　张：	18
版　　次：	2015年7月第1版第1次印刷
定　　价：	110.00元
网　　址：	www.cctphome.com　　邮　箱：cctp@cctphome.com
新浪微博：	@中央编译出版社　　微　信：中央编译出版社（ID：cctphome）
淘宝店铺：	中央编译出版社直销店（http://shop108367160.taobao.com）　（010）52612349

凡有印装质量问题，本社负责调换，电话：（010）55626985